collana didattica di musiche a cura di
Celestino Dionisi

Dedicato al Flauto Dolce

Le scale
per Contralto

ISBN I 978-88-91133-86-1

© Tutti i diritti riservati all'Autore
Nessuna parte di questo libro può essere
riprodotta senza il preventivo assenso dell'Autore.

Youcanprint Self-Publishing
Via Roma, 73 - 73039 Tricase (LE) - Italy
www.youcanprint.it
info@youcanprint.it
Facebook: facebook.com/youcanprint.it Twitter:
twitter.com/youcanprintit

Baroque Personal Trainer http://studioemc.it/
baroquetrainer/baroquetrainer@studioemc.it

Per vedere i video relativi a questo e ad altri volumi della collana:
To view videos on this and other books in the series:
You Tube http://www.youtube.com/user/BaroqueTrainer

Do maggiore

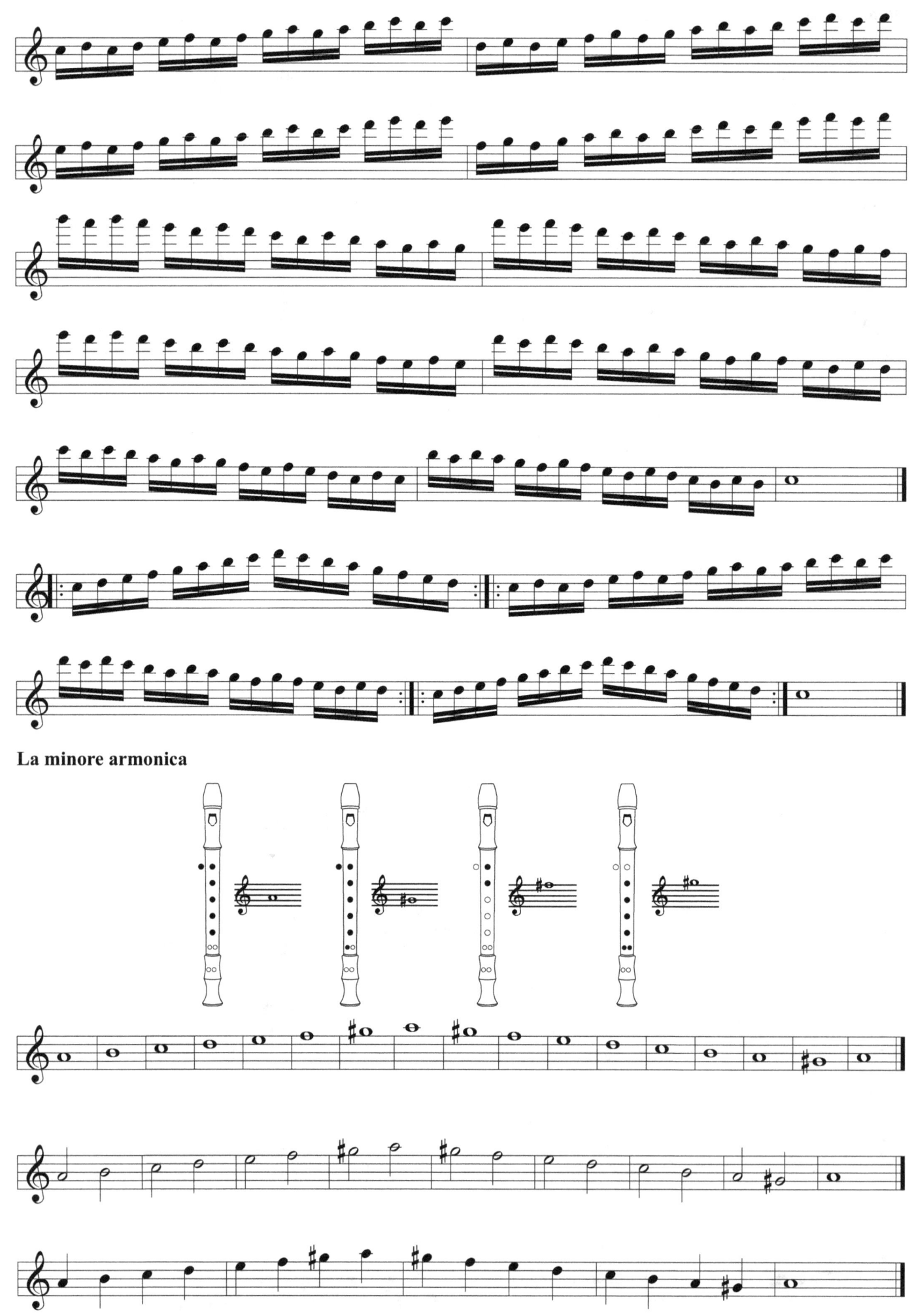

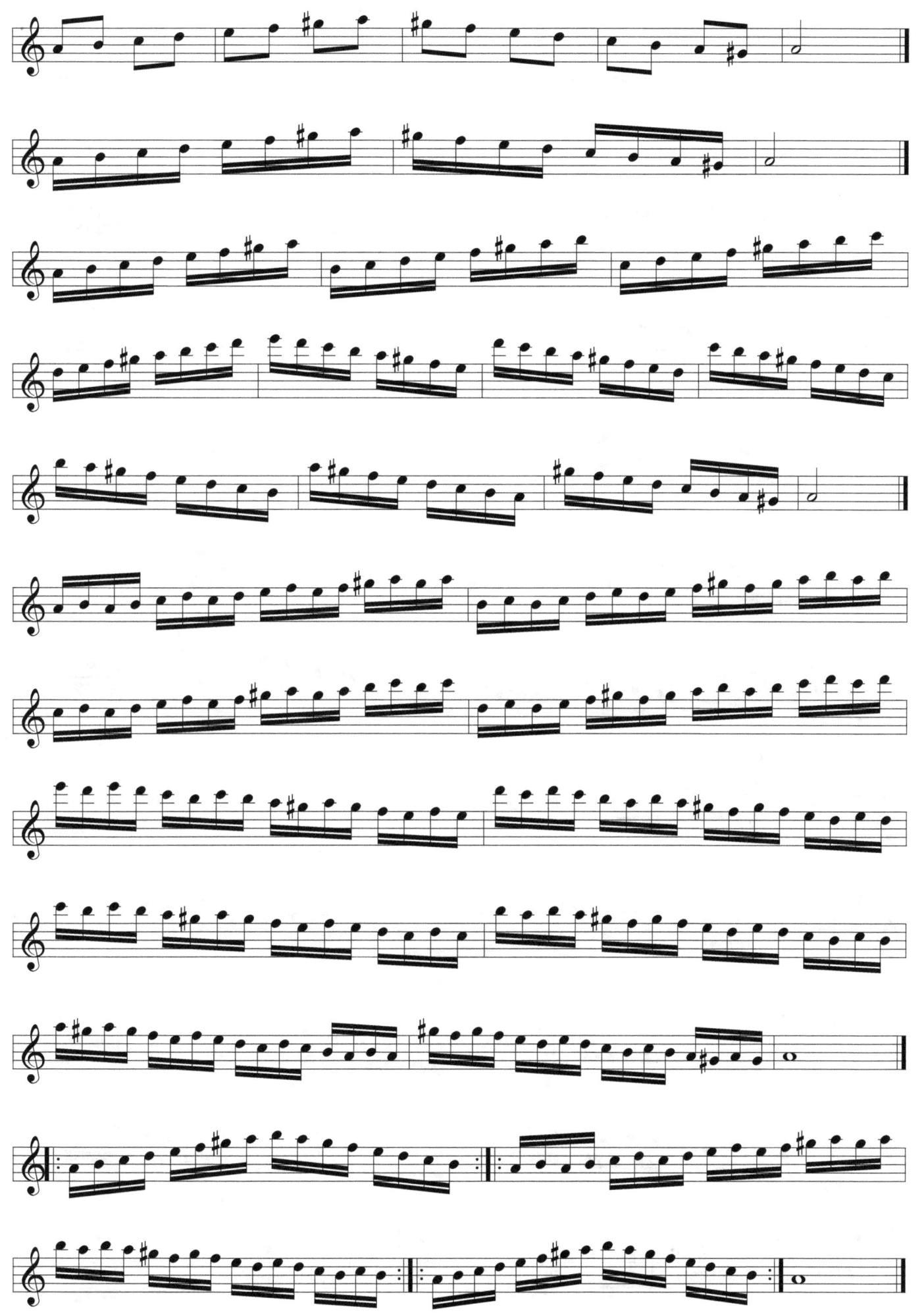

La minore melodica

La minore di J.S. Bach

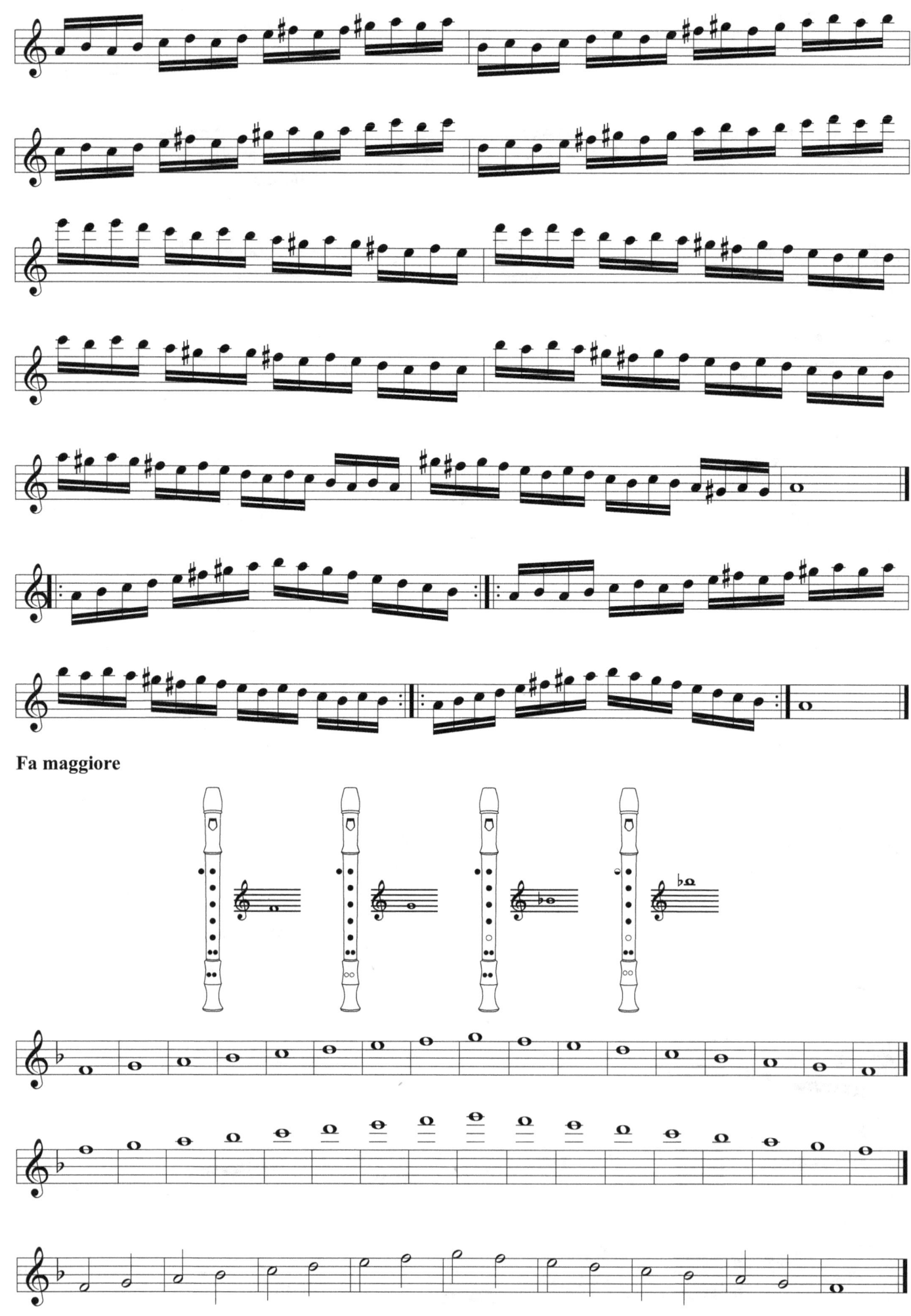

Fa maggiore

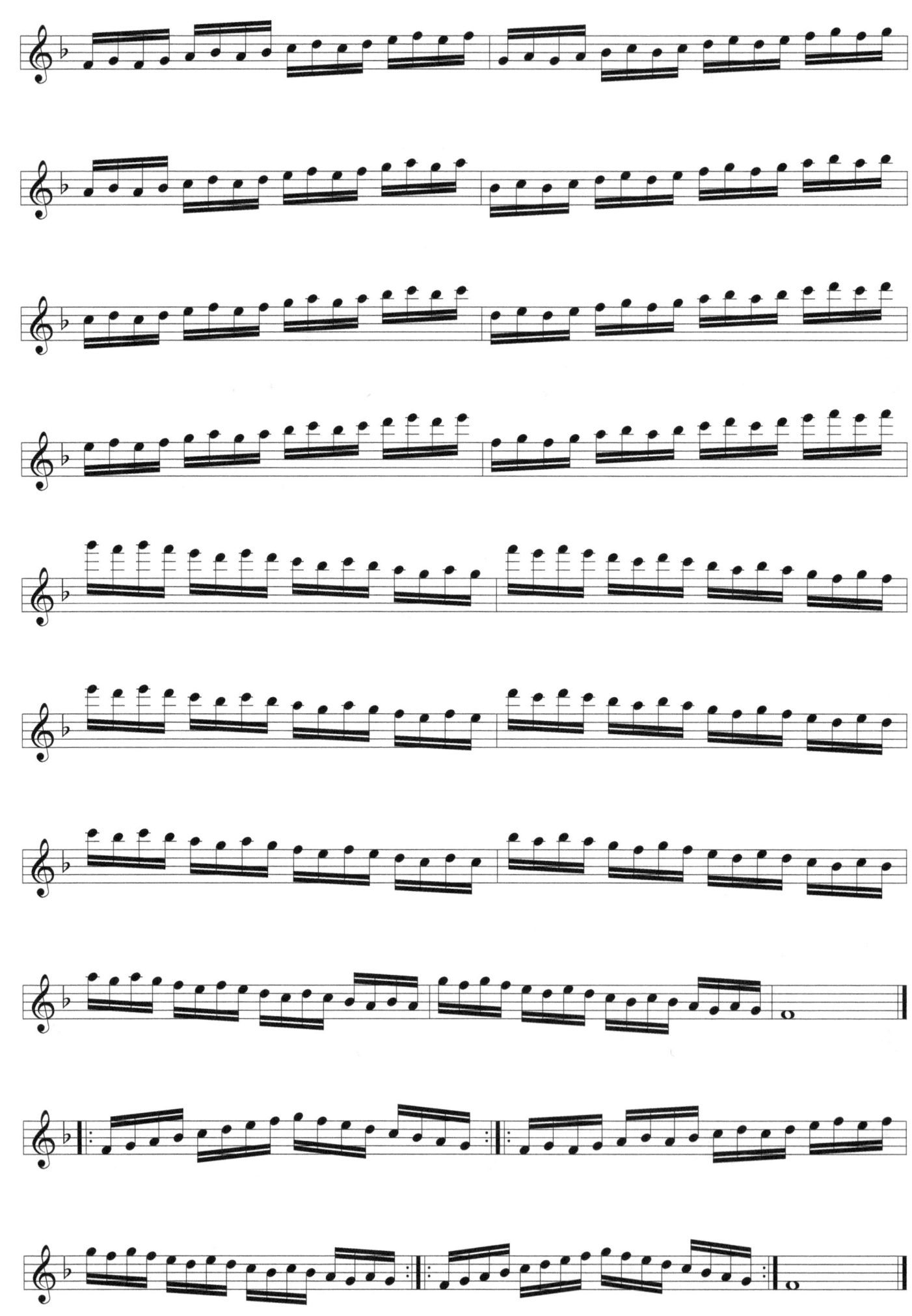

Re minore armonica

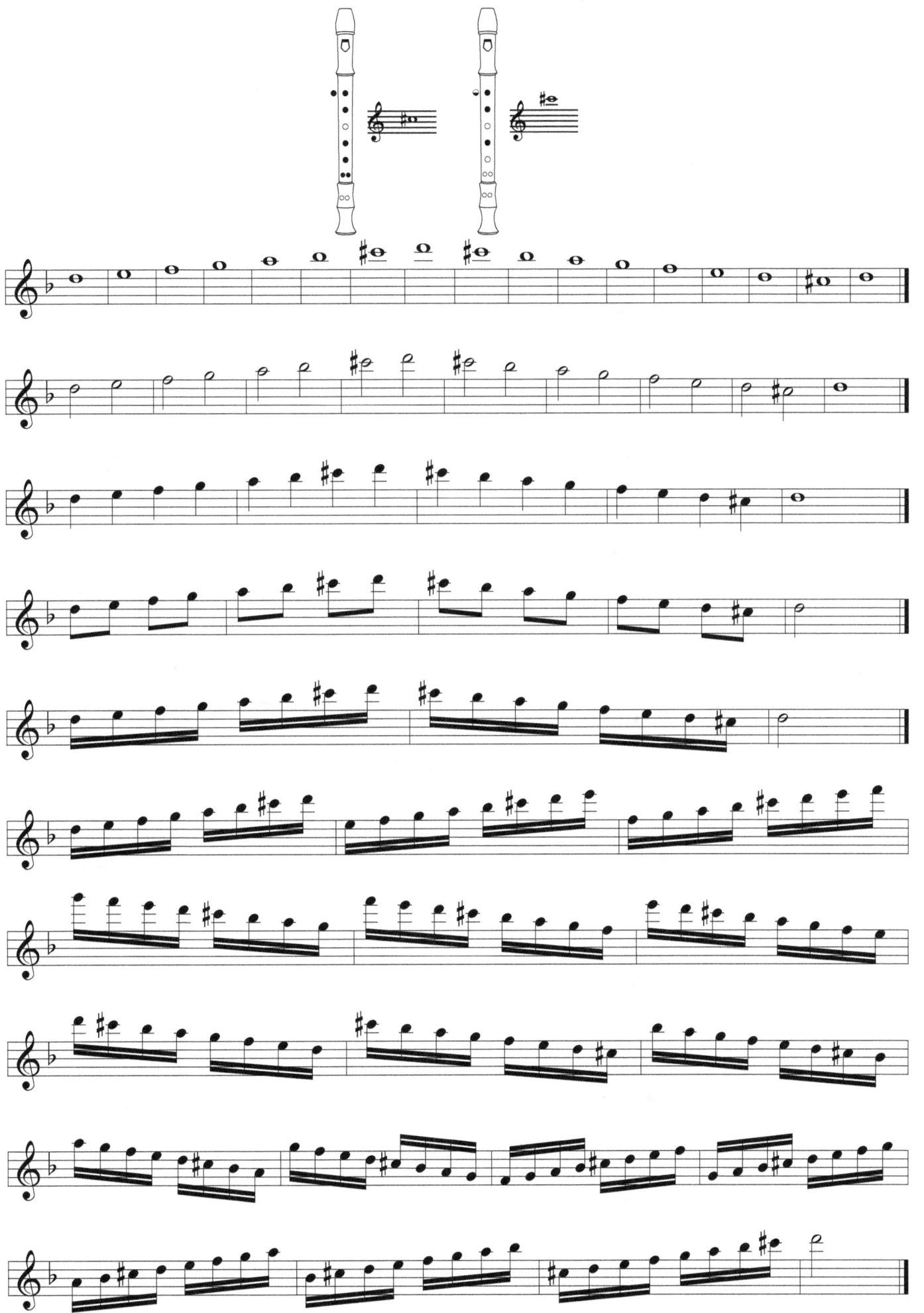

10

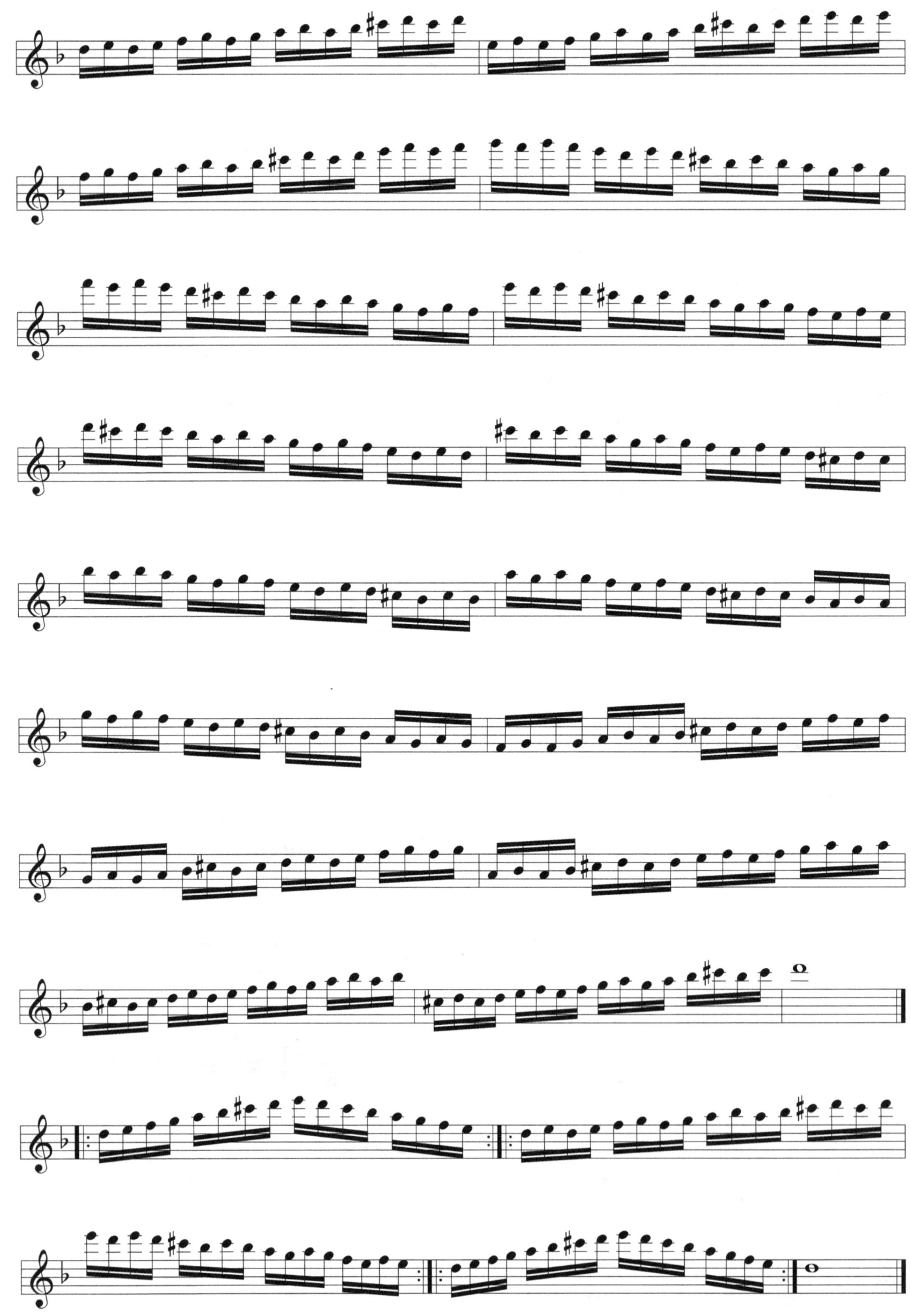

Re minore melodica

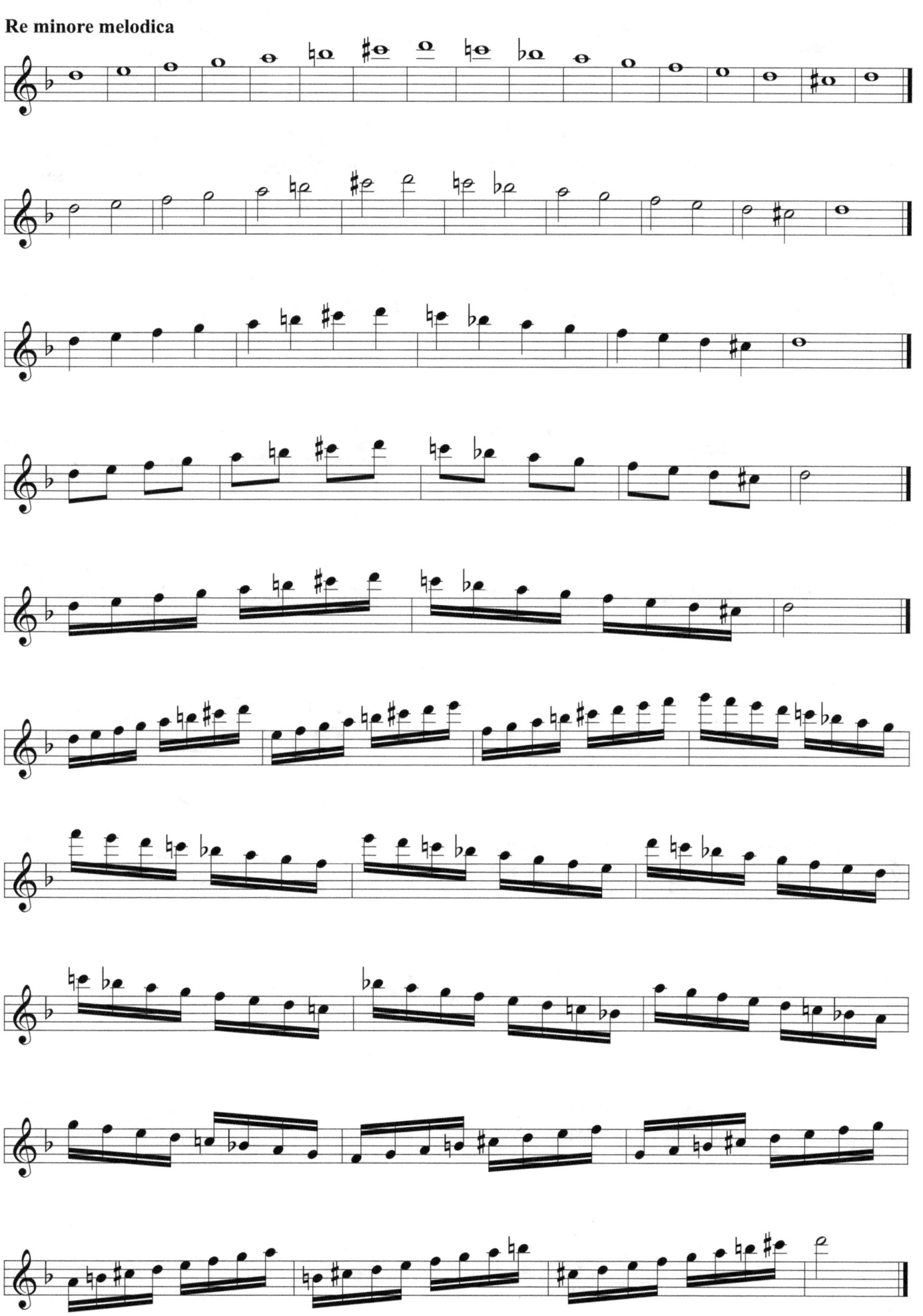

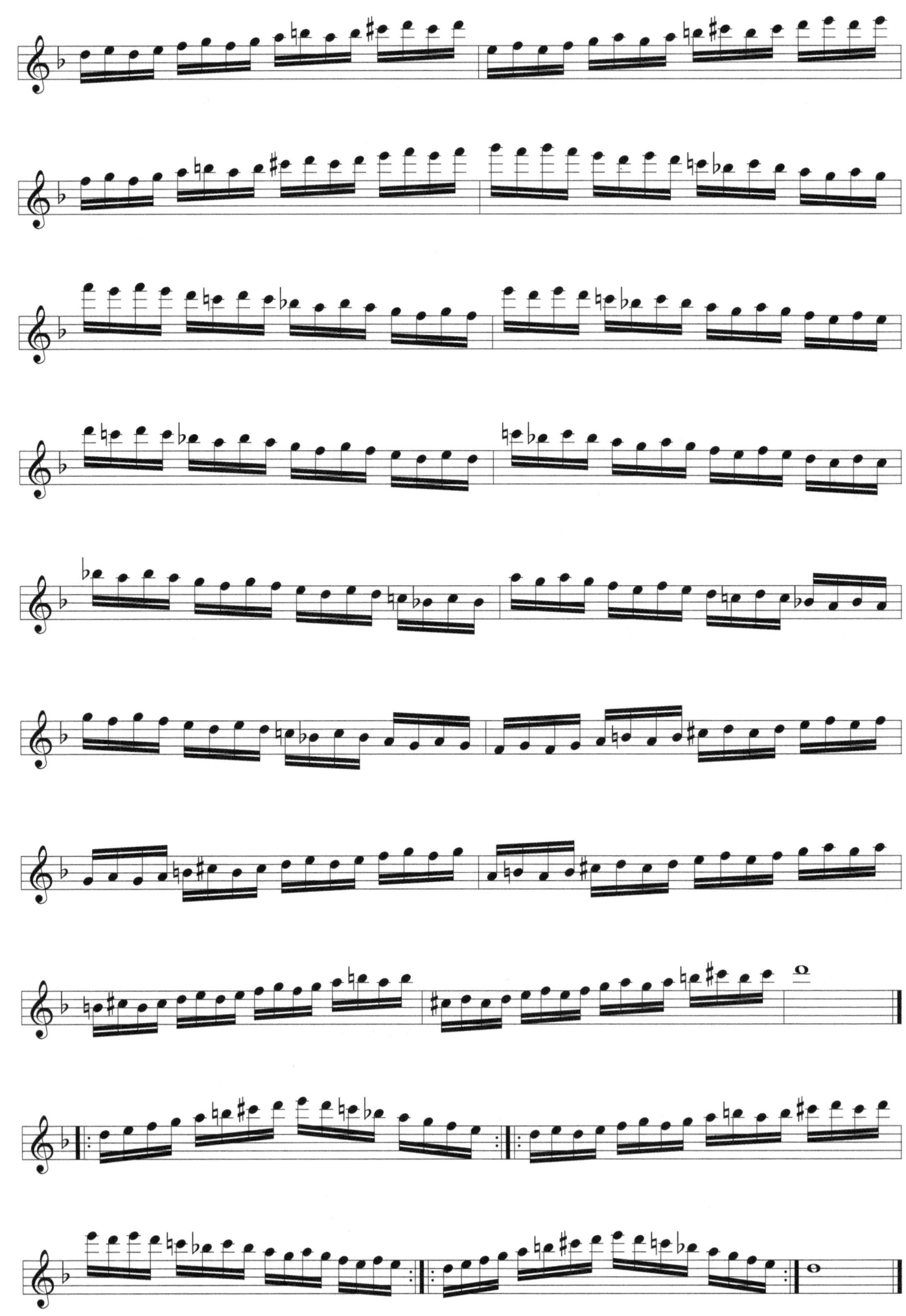

Re minore di J.S. Bach

Sol maggiore

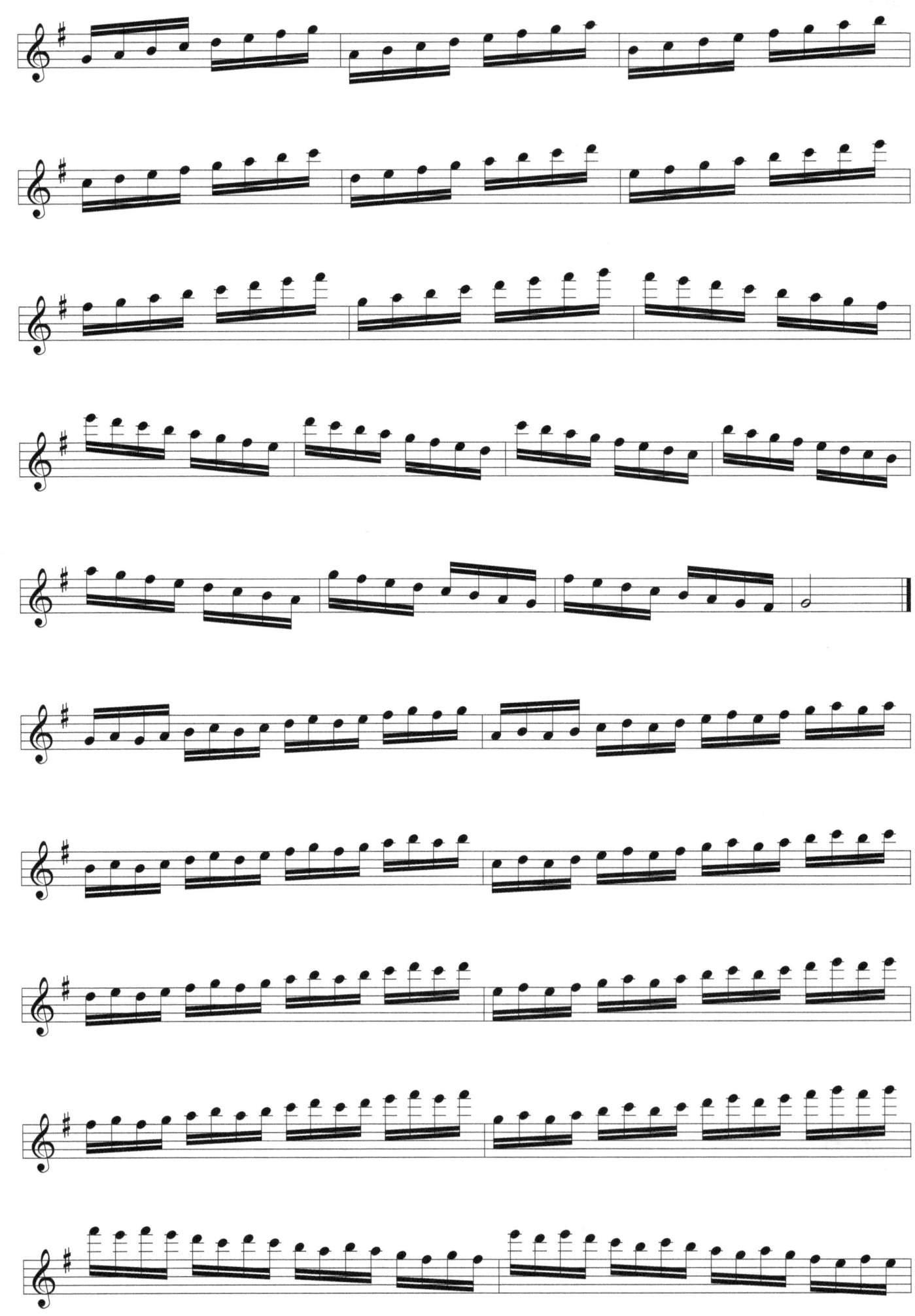

Mi minore armonica

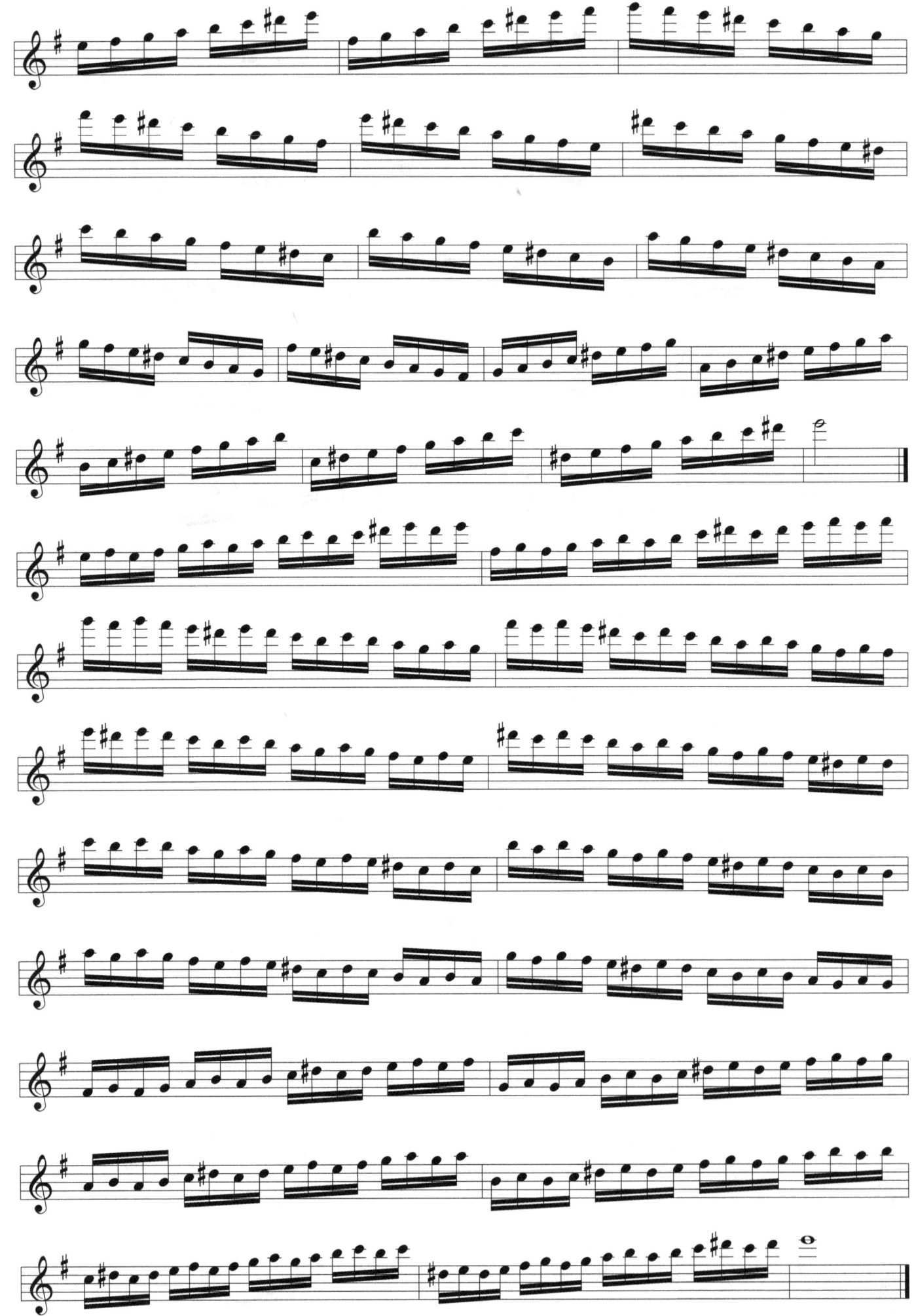

Mi minore melodica

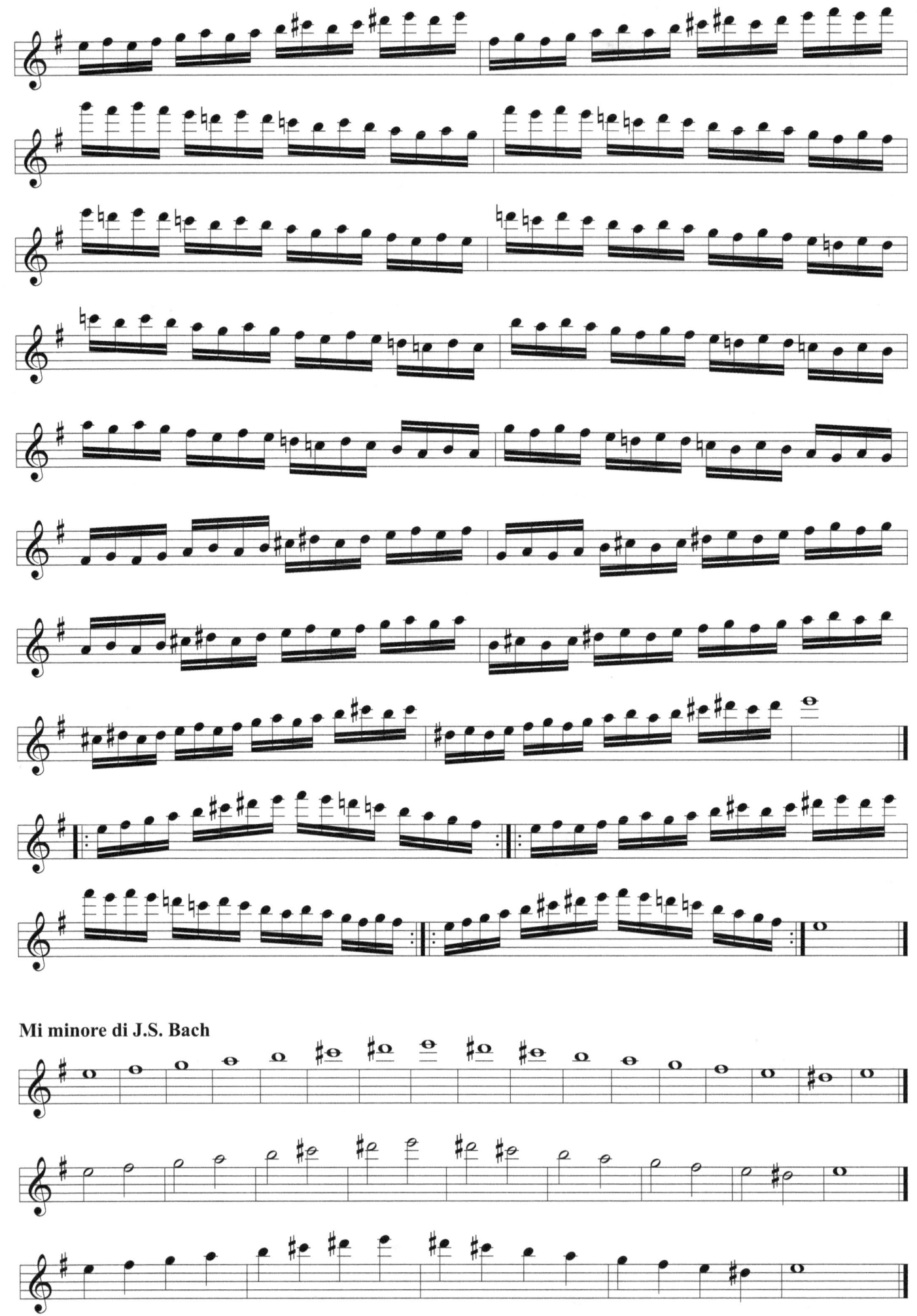

Mi minore di J.S. Bach

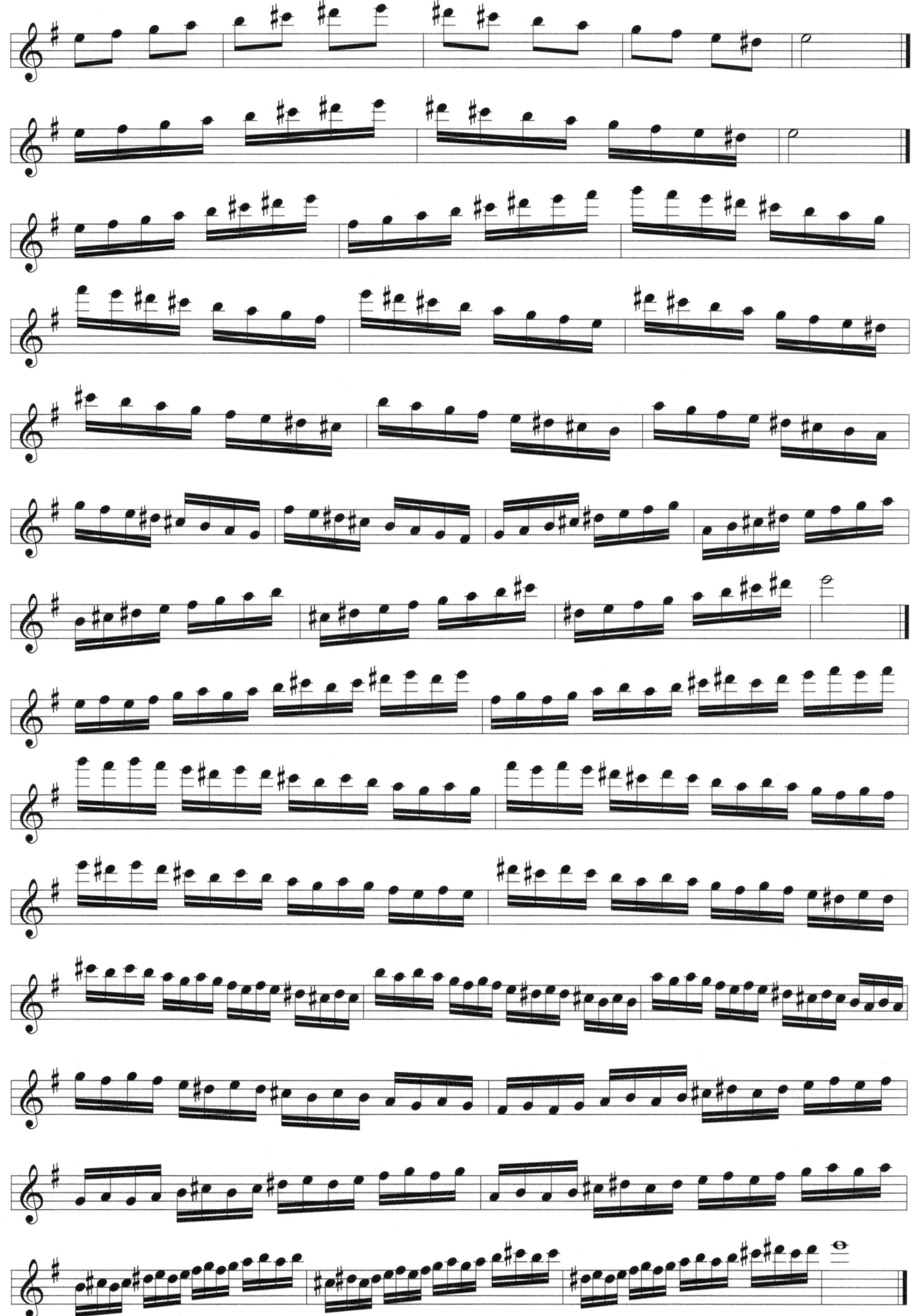

22

Si♭ maggiore

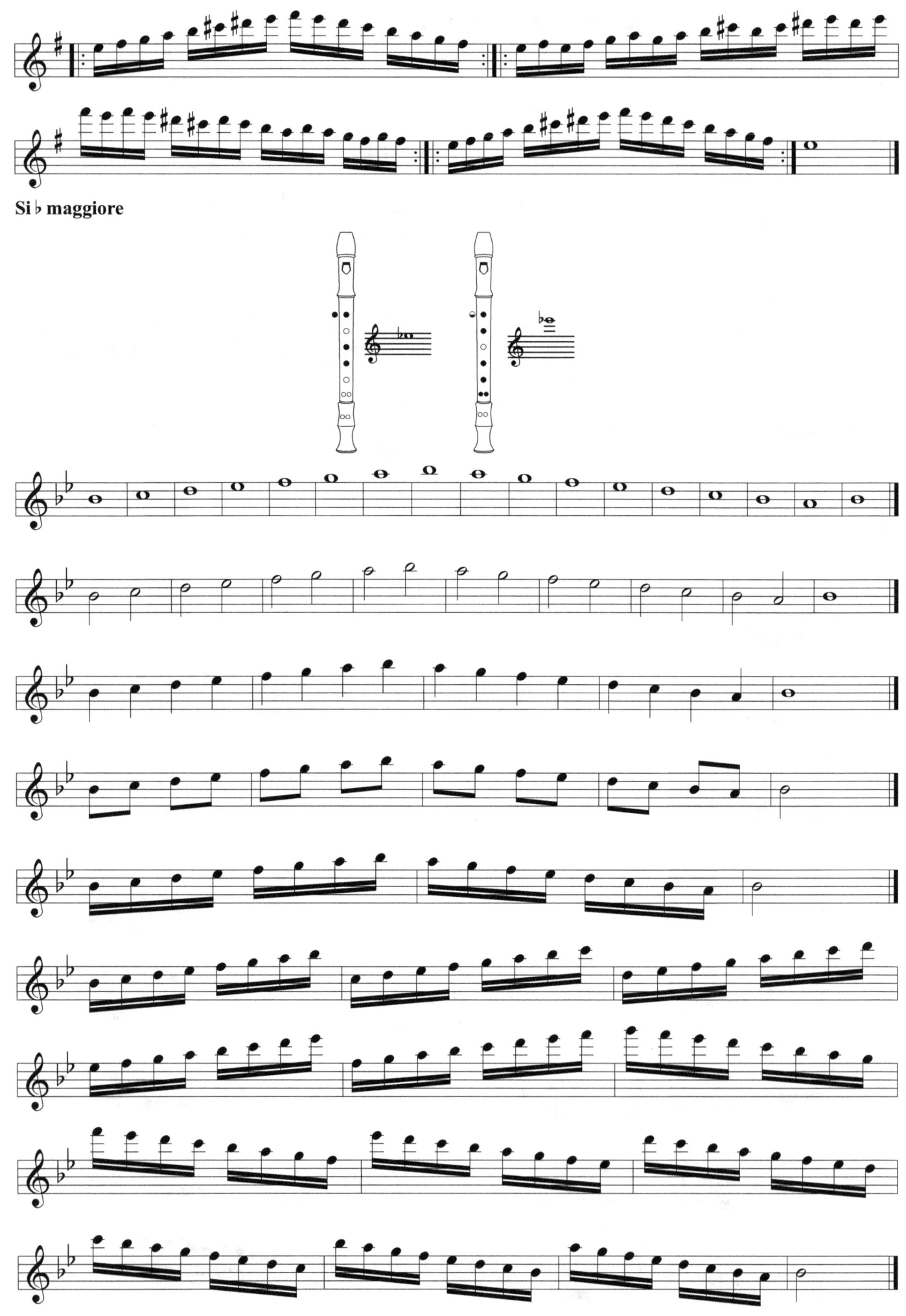

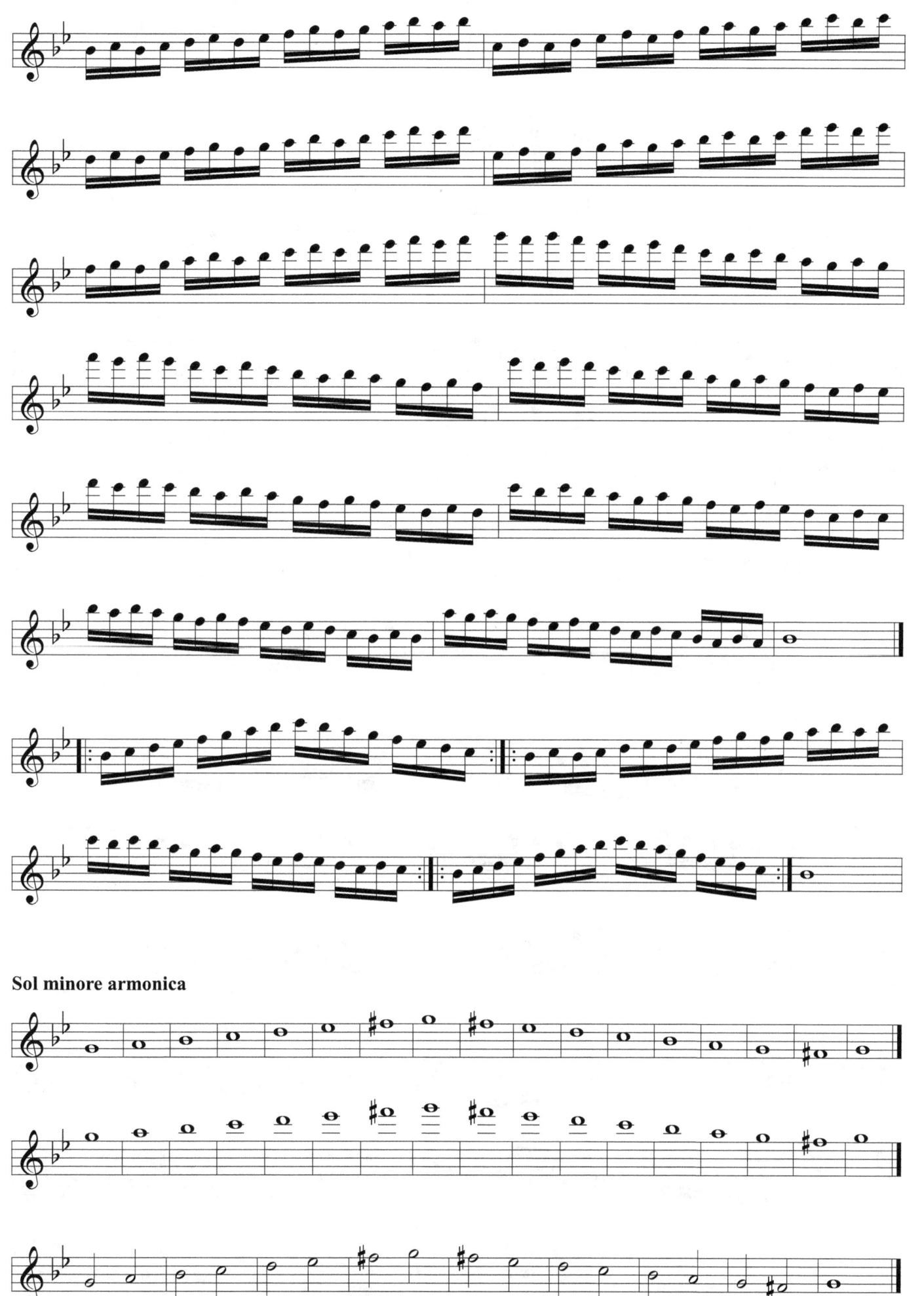

Sol minore armonica

Sol minore melodica

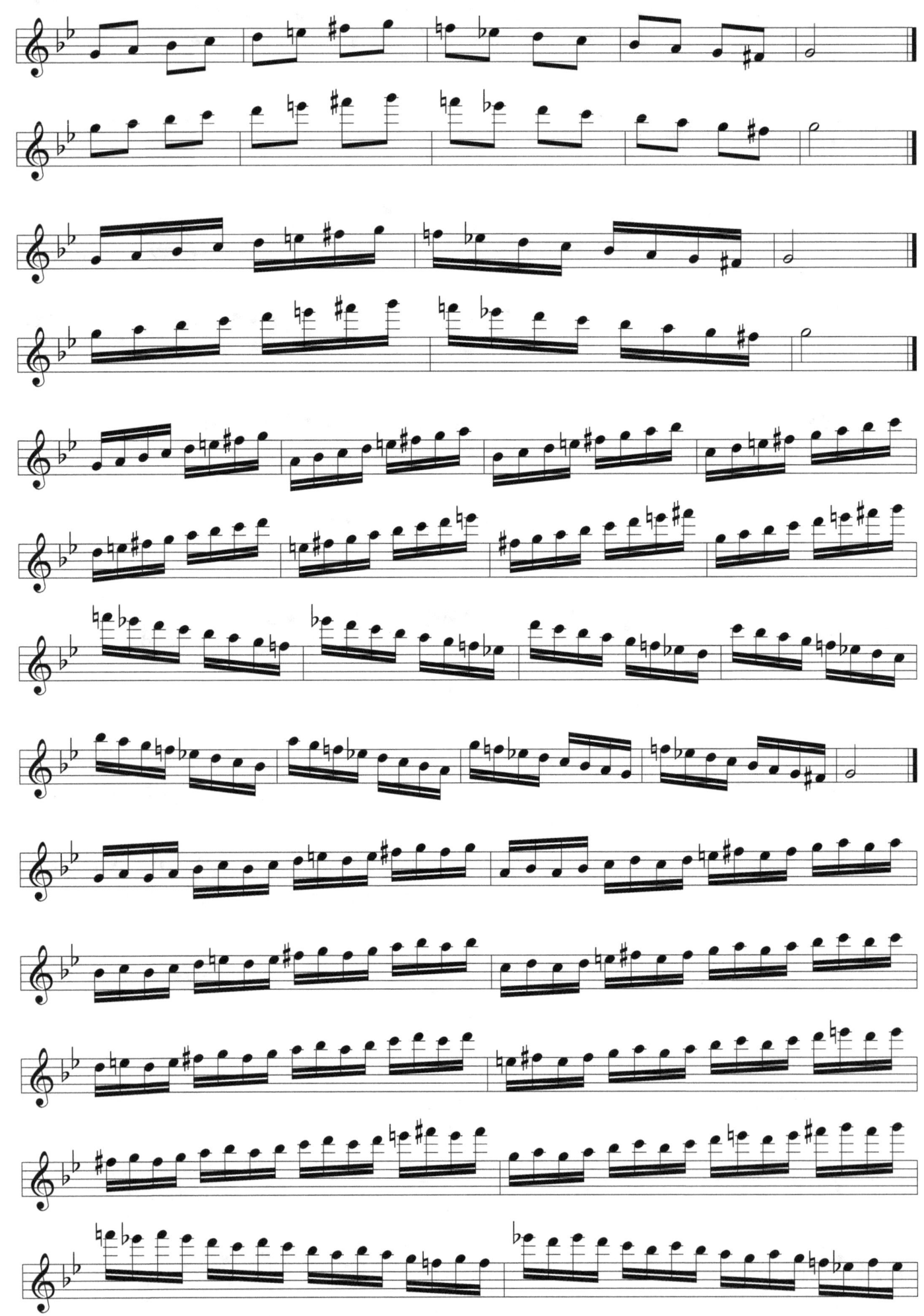

Sol minore di J.S. Bach

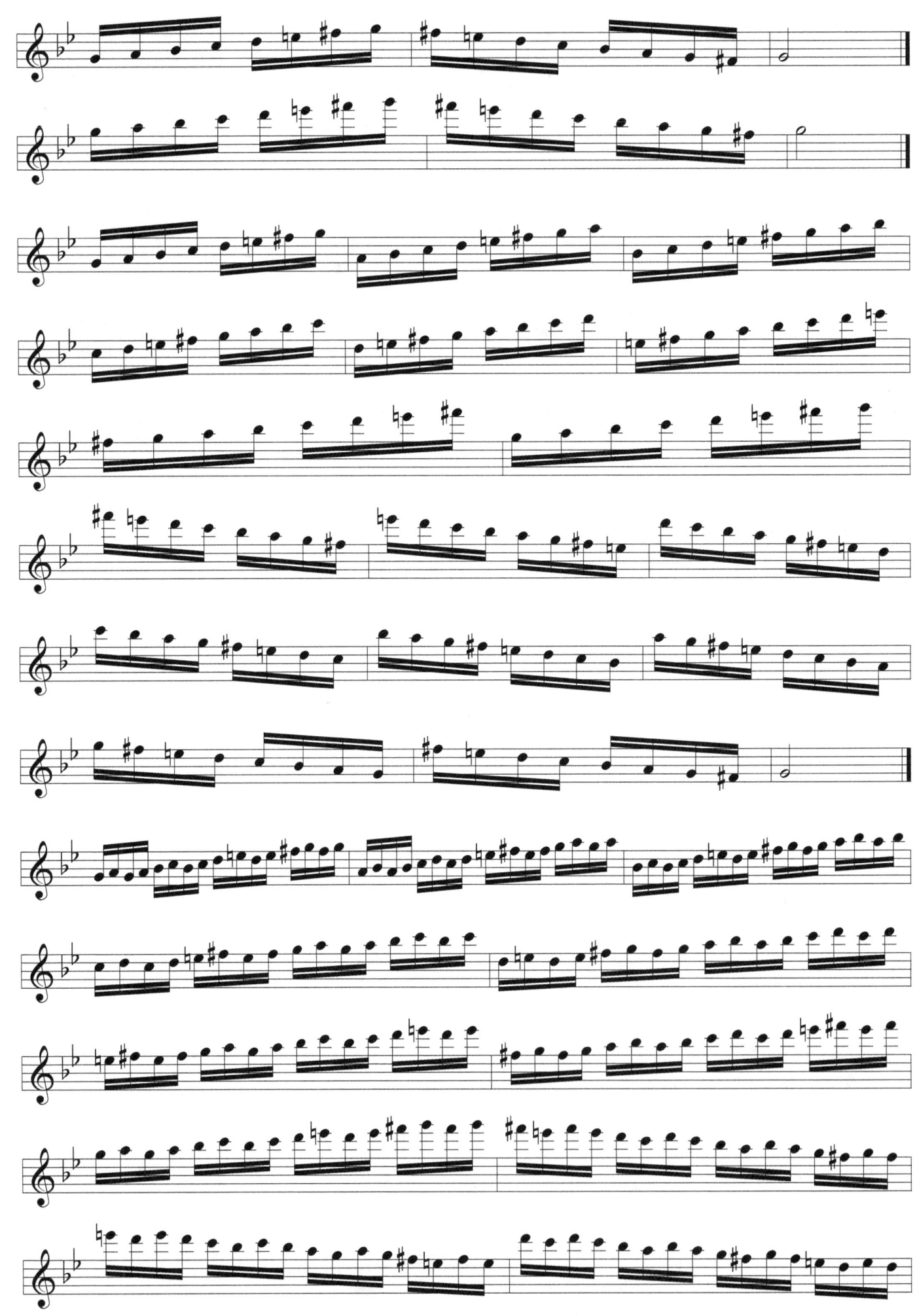

Re maggiore

Si minore armonica

Si minore melodica

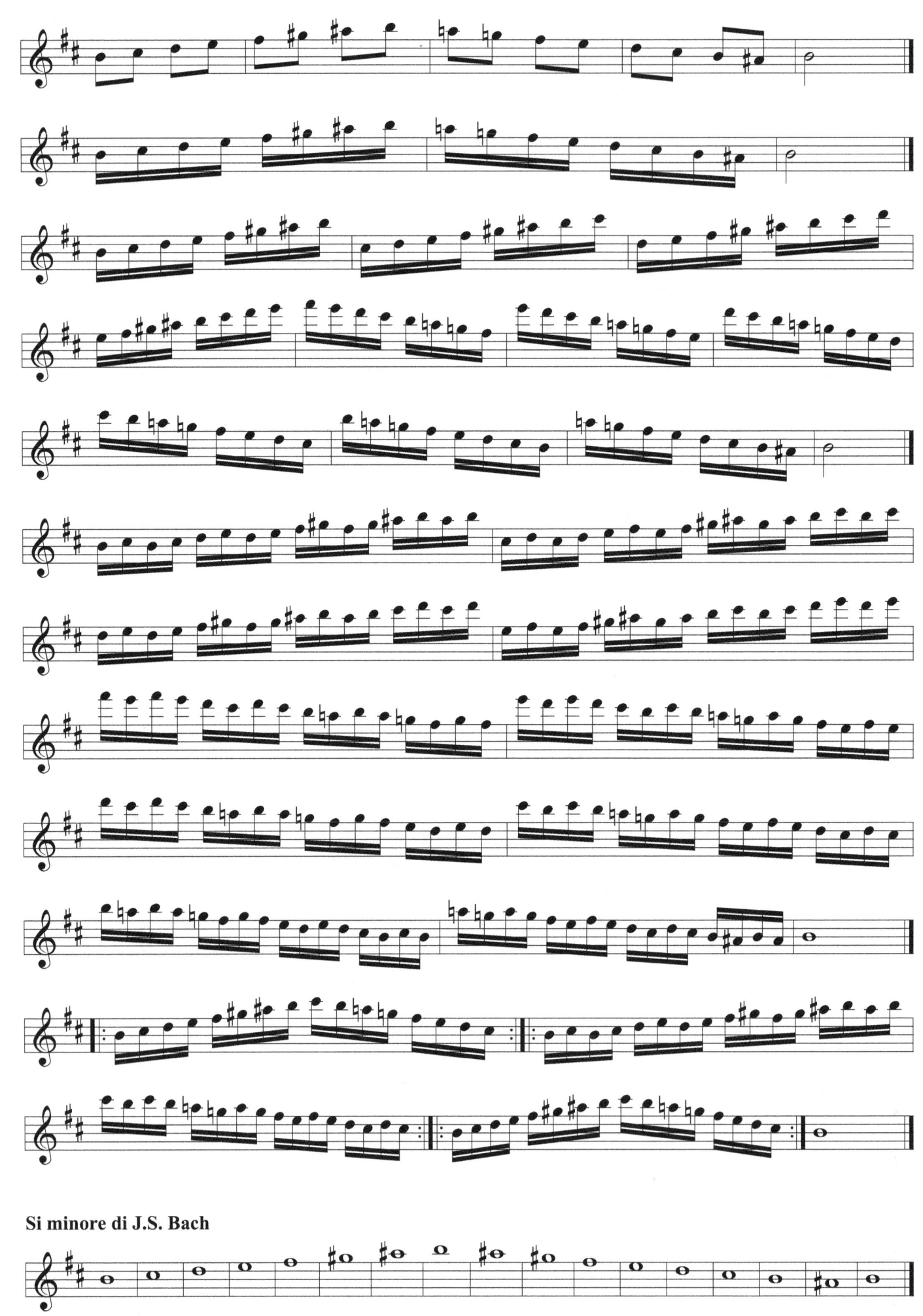

Si minore di J.S. Bach

Mi ♭ maggiore

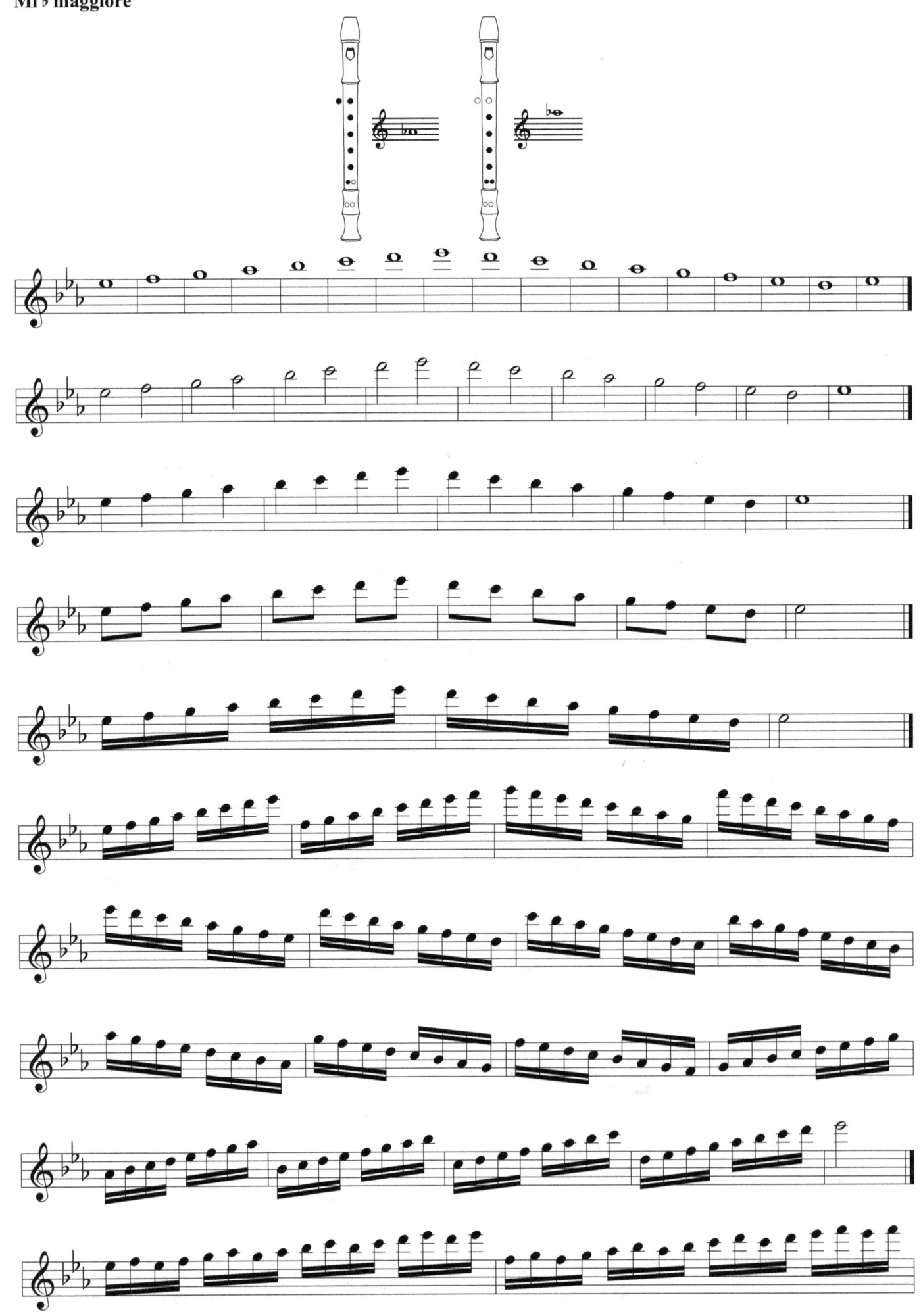

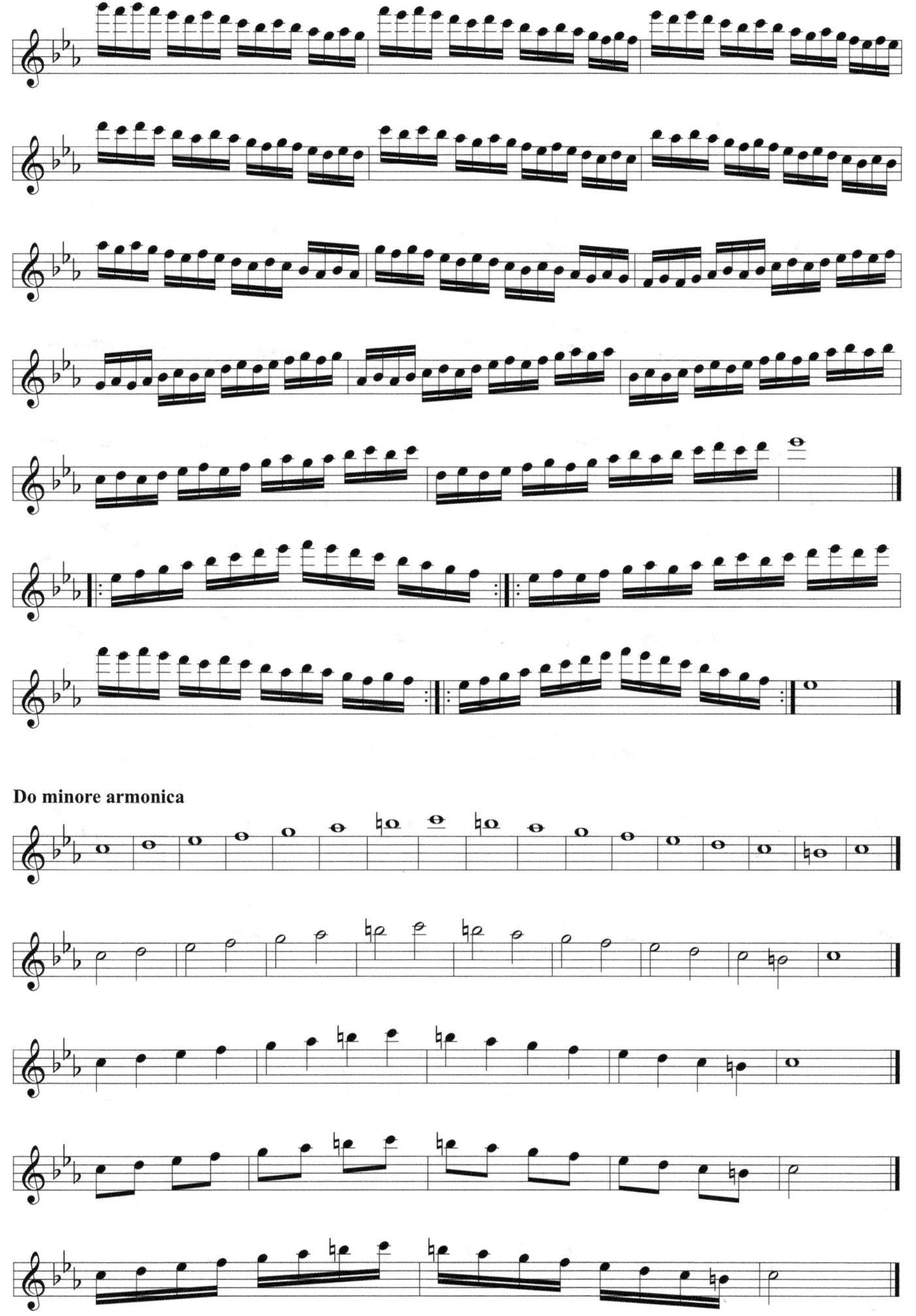

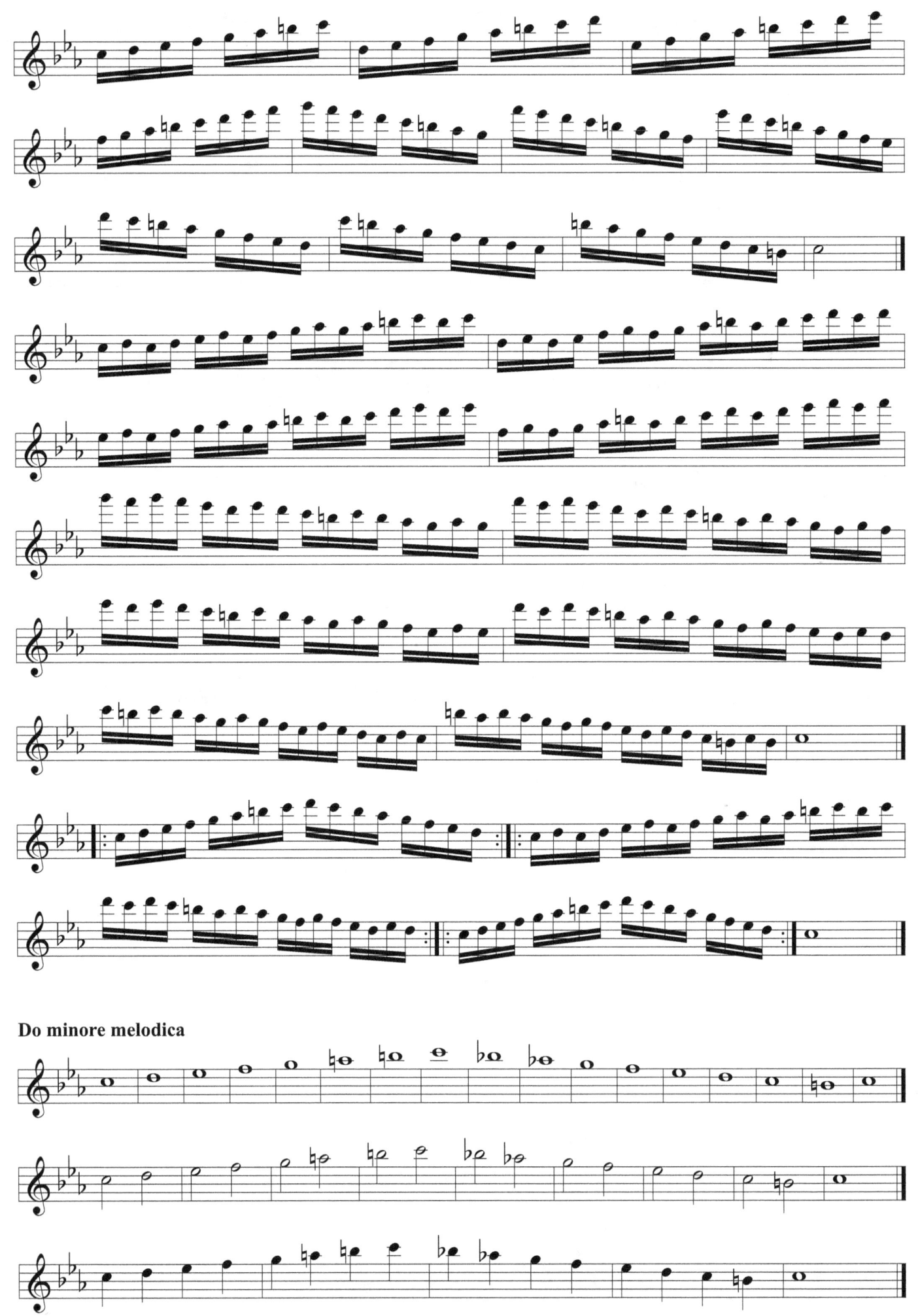

Do minore melodica

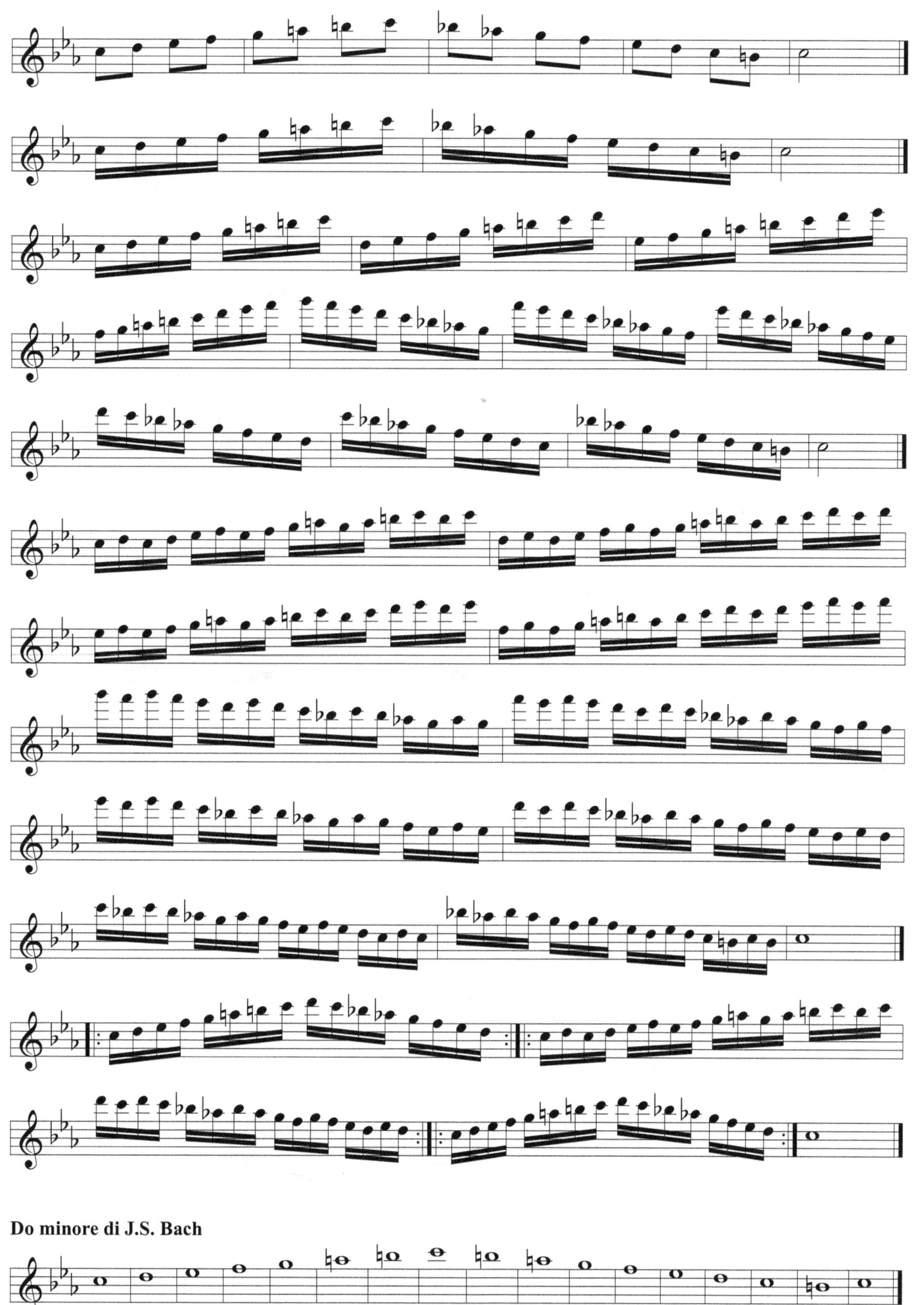

Do minore di J.S. Bach

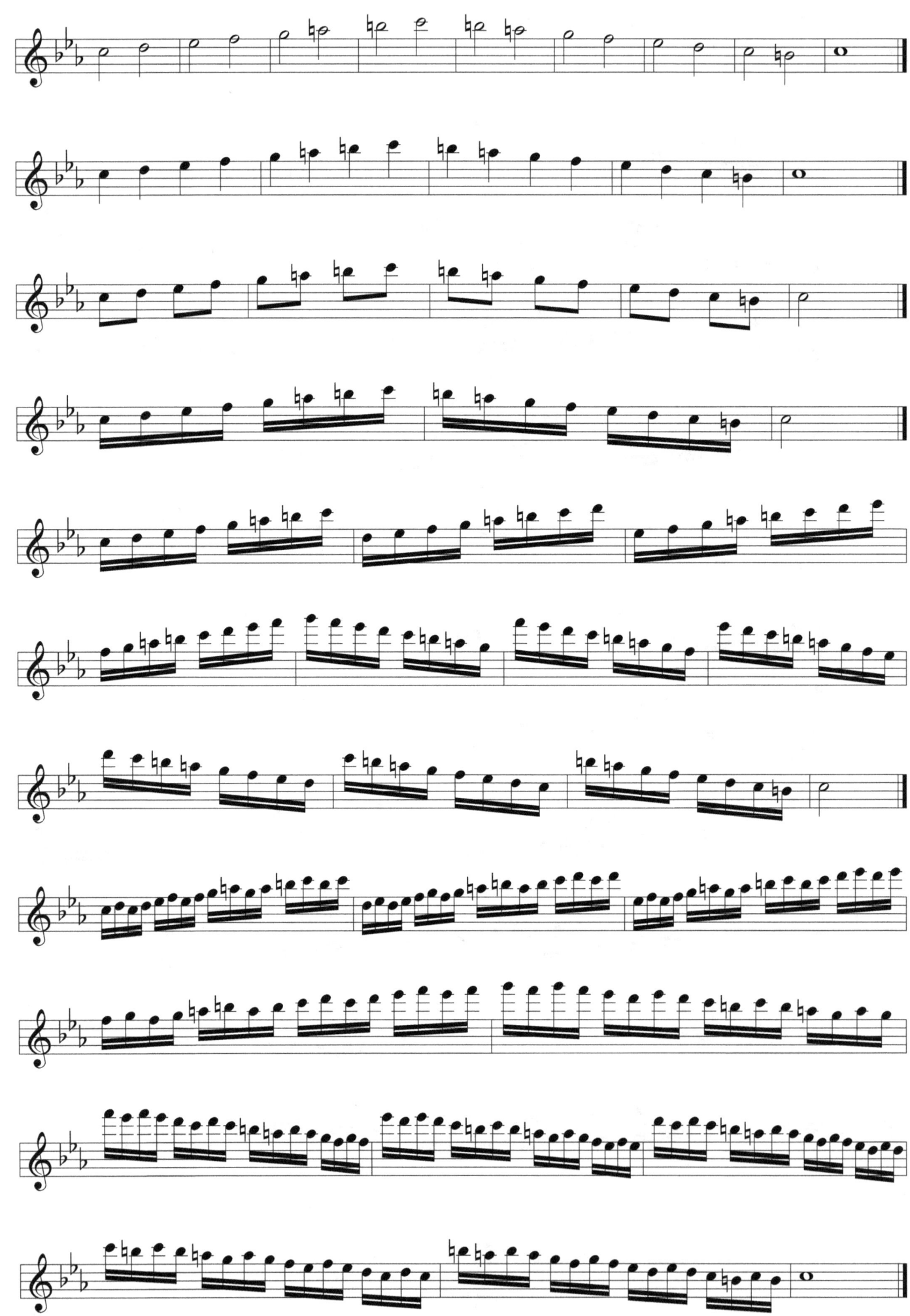

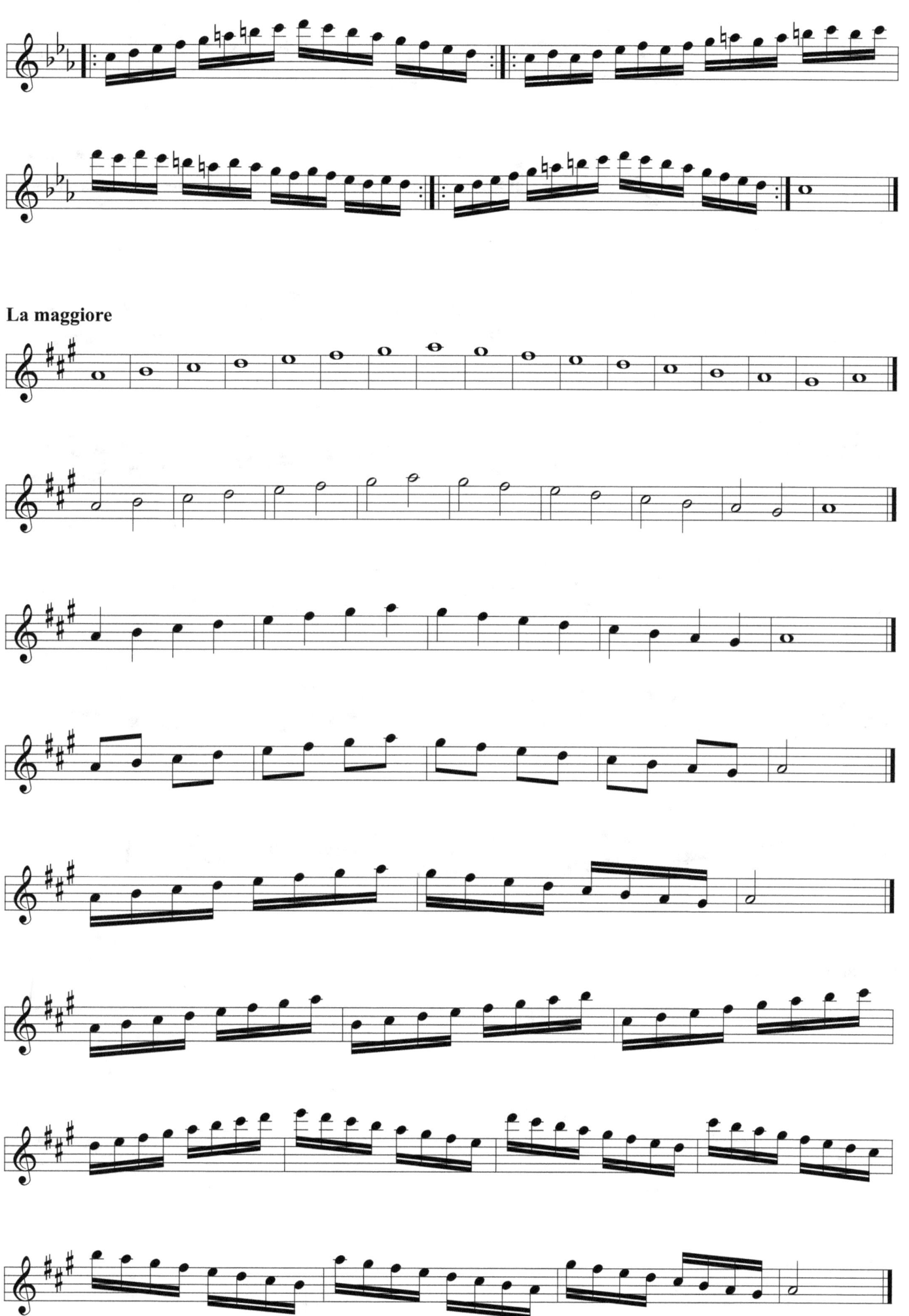

La maggiore

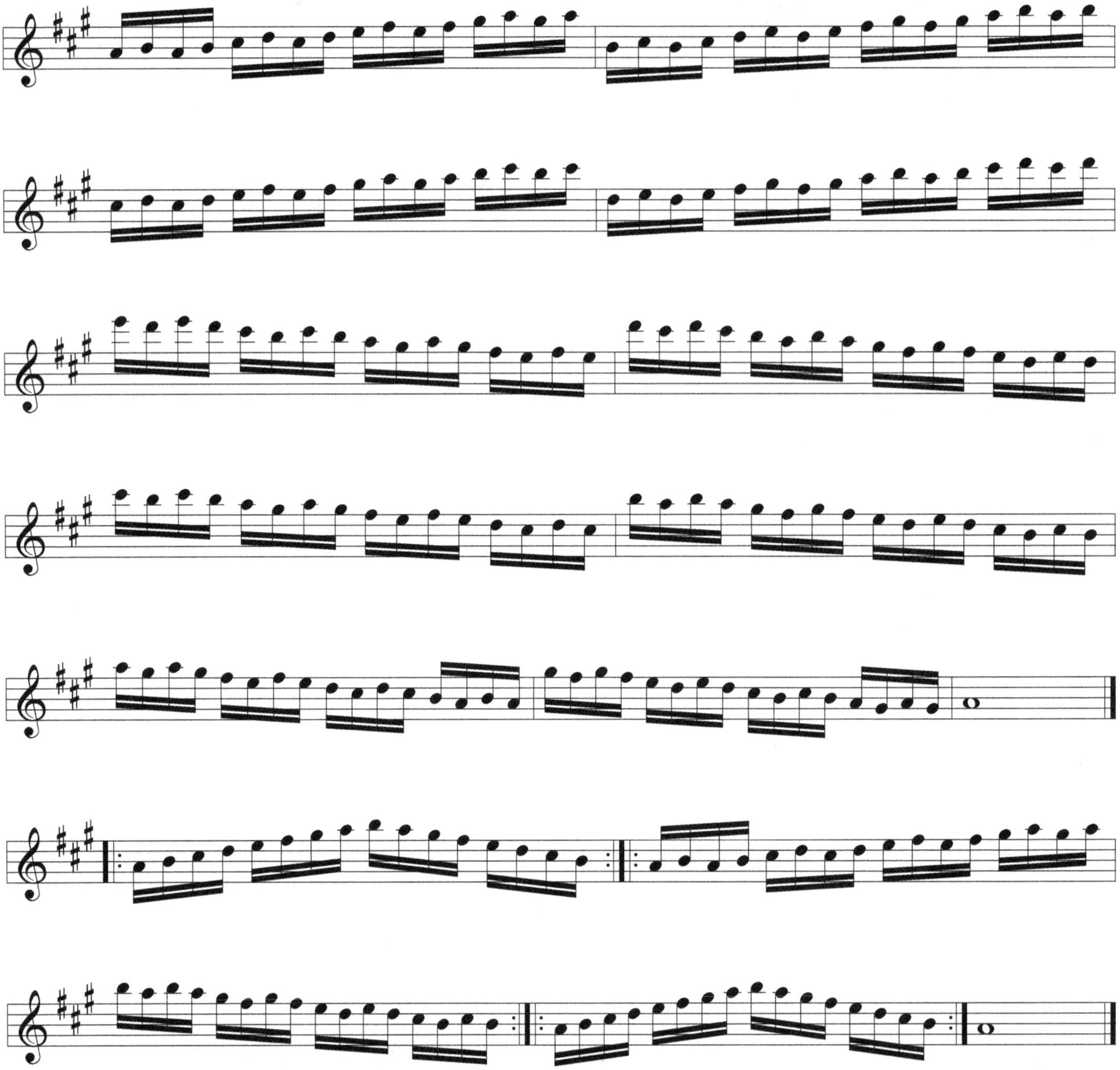

Fa # minore armonica

Fa # minore melodica

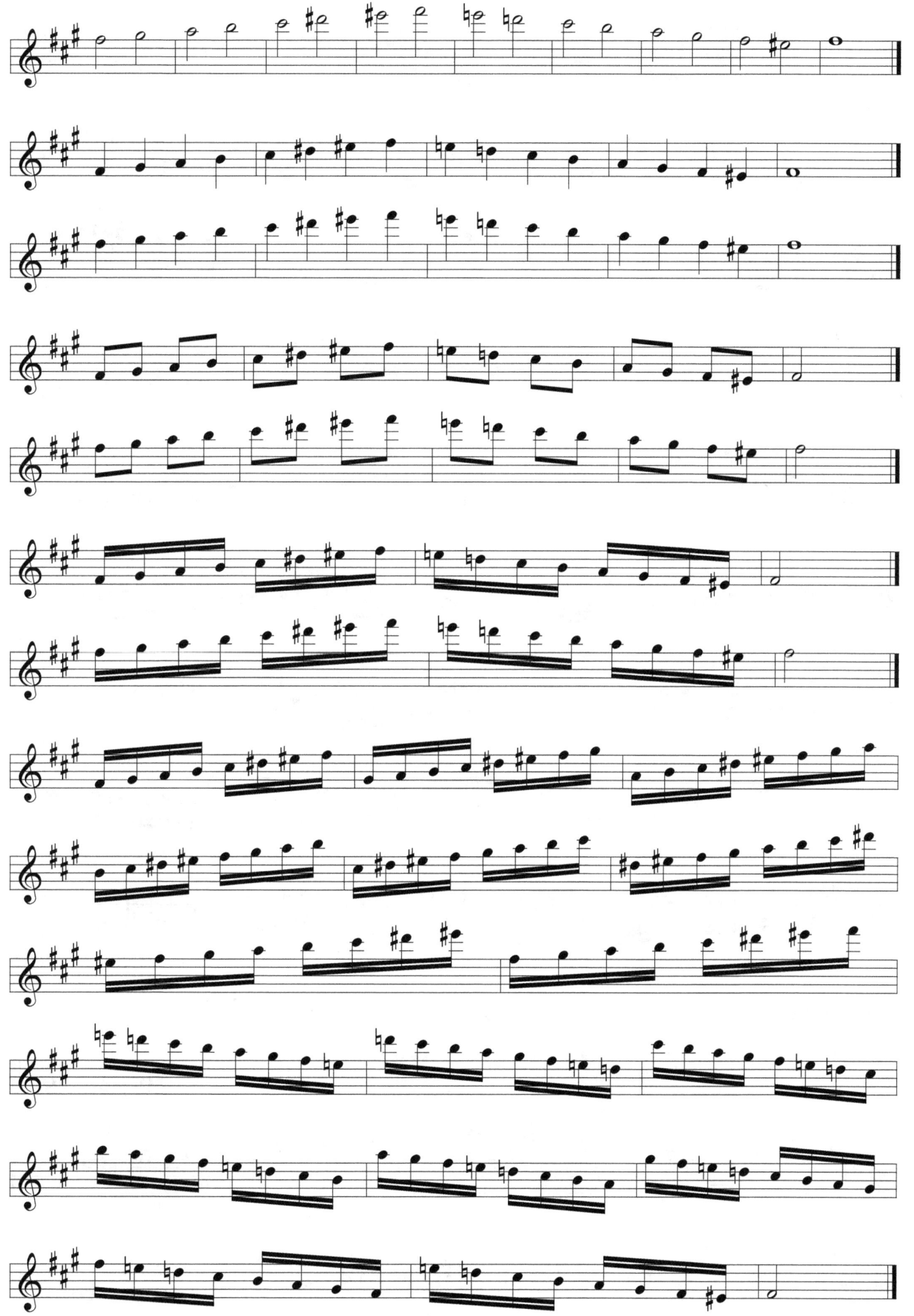

Fa ♯ minore di J.S. Bach

45

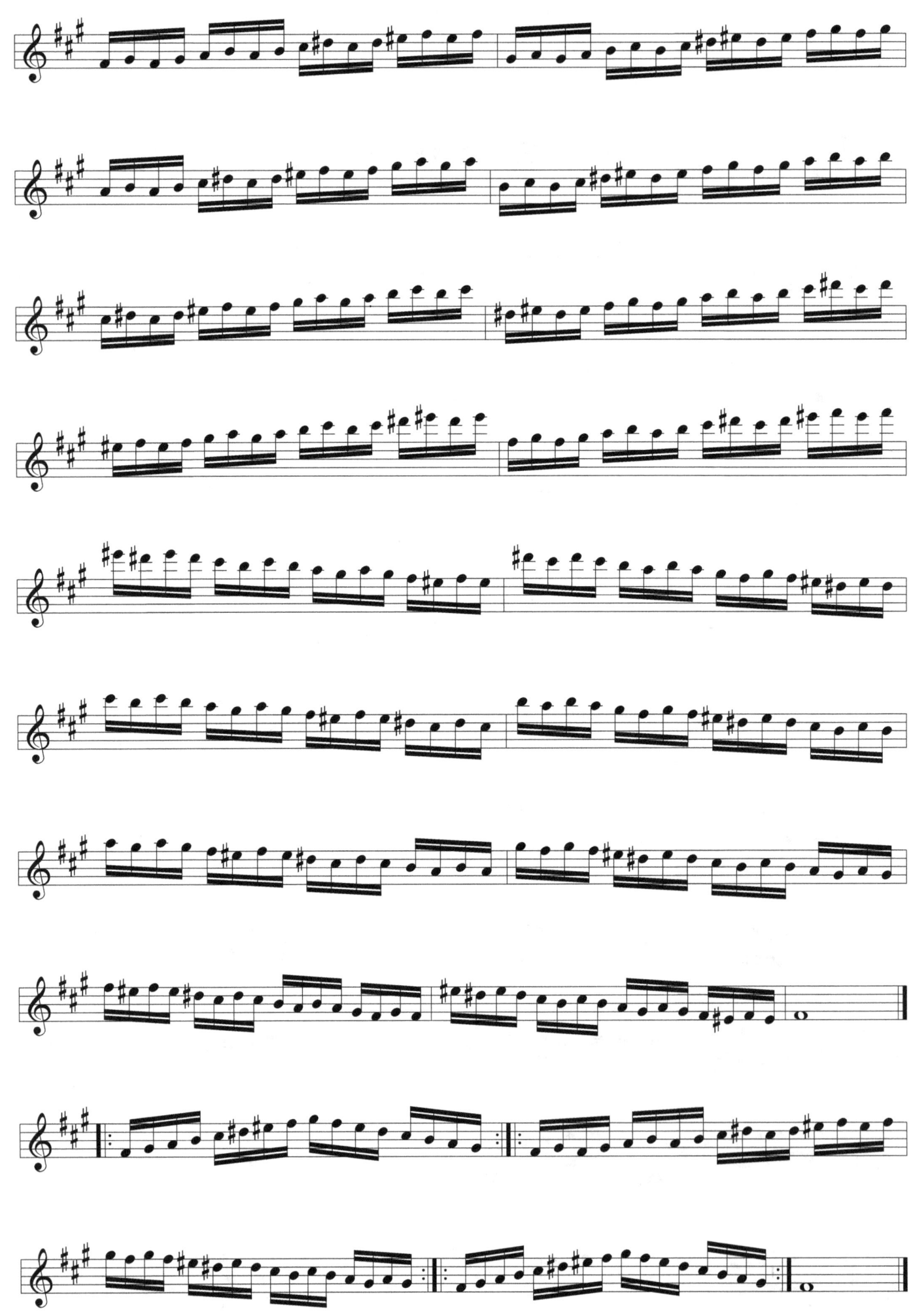

La♭ maggiore

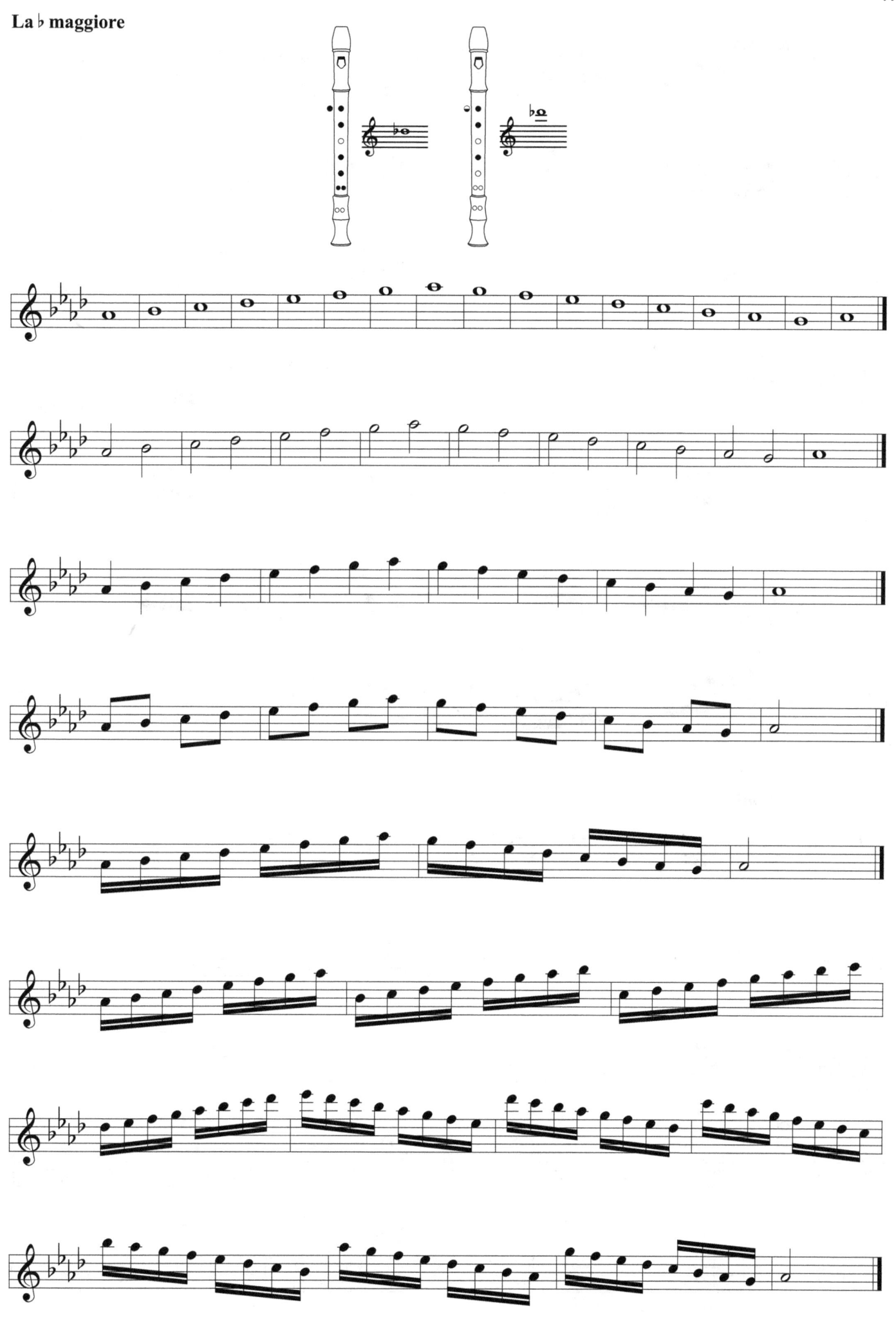

Fa minore armonica

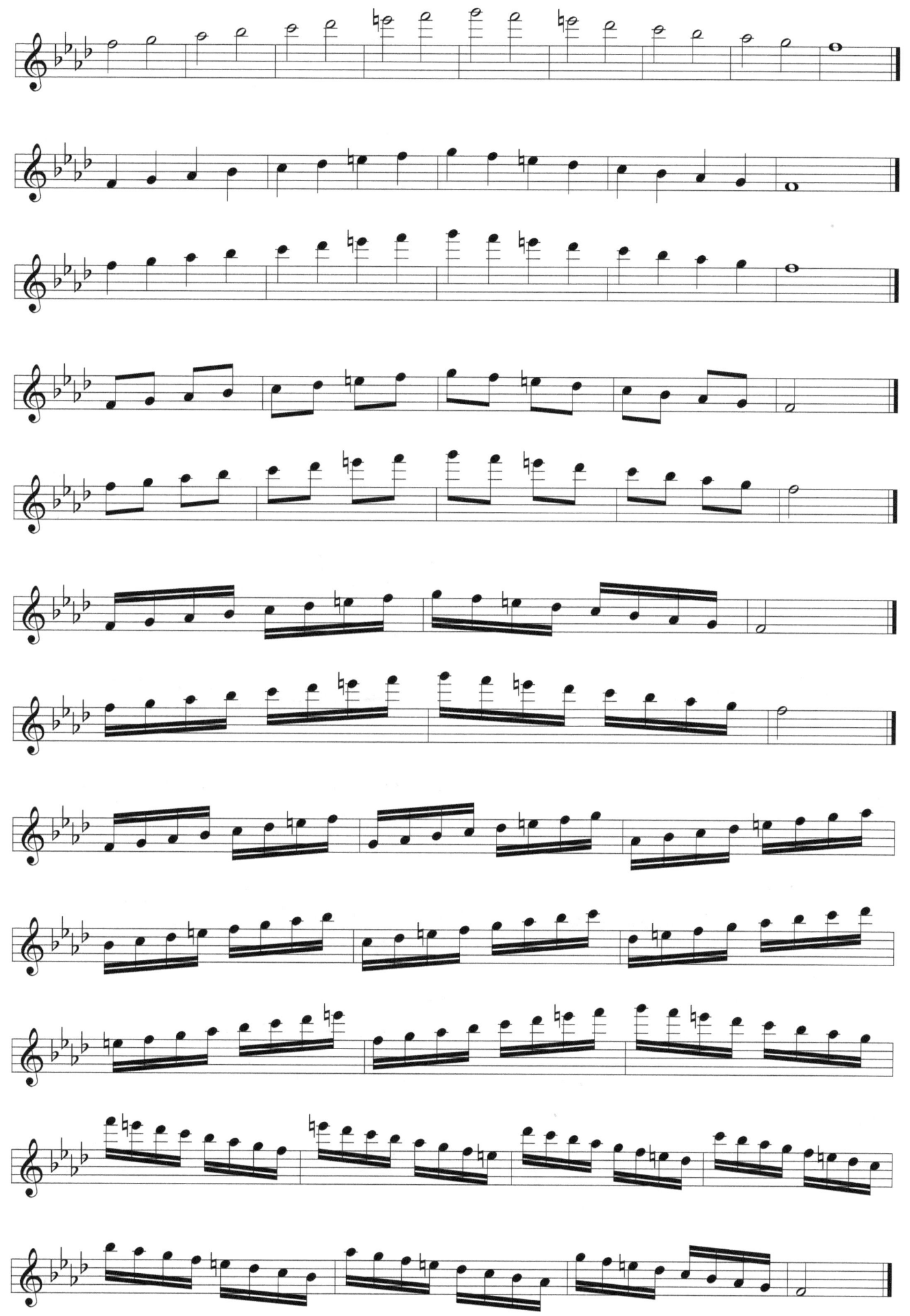

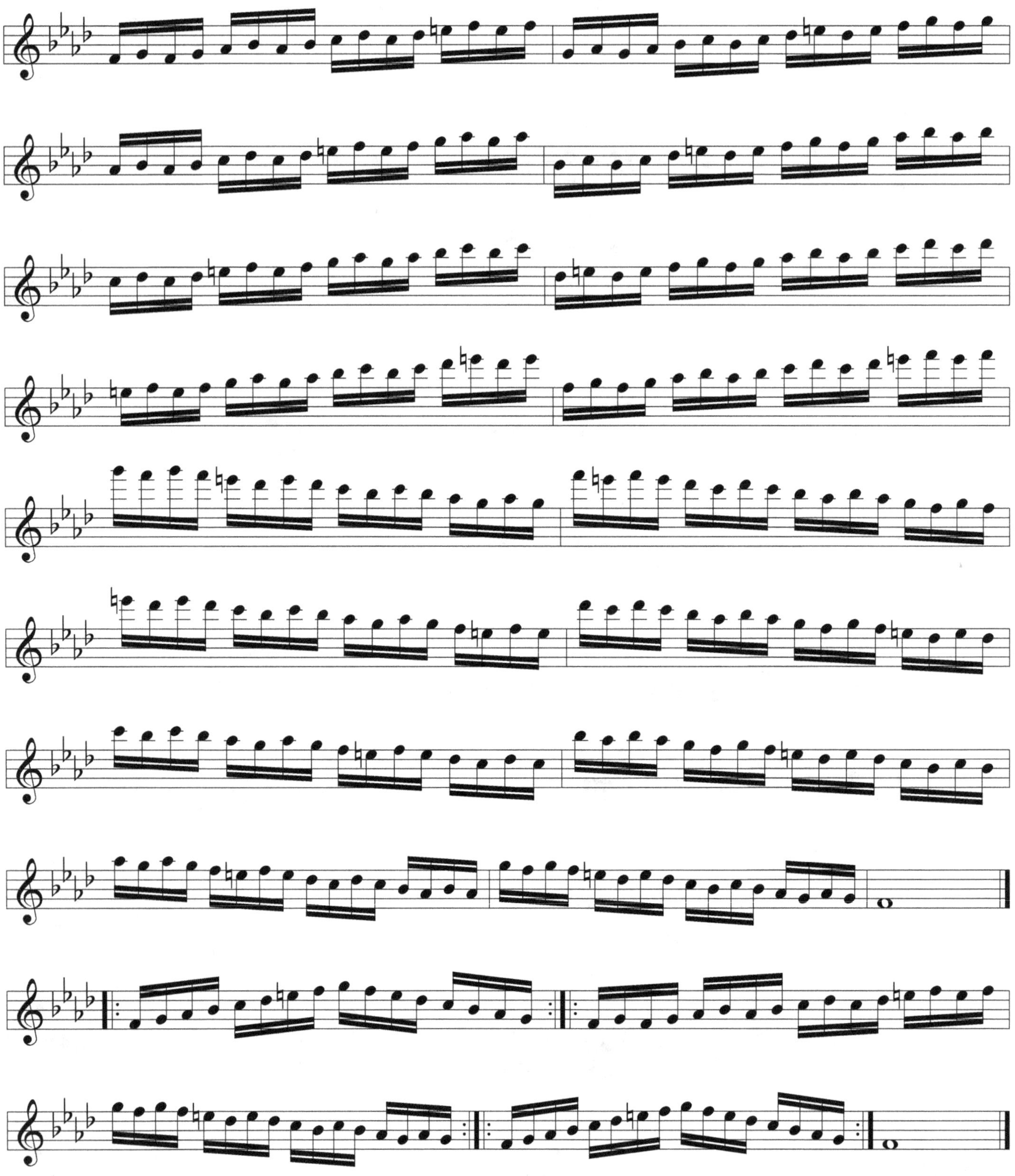

Fa minore melodica

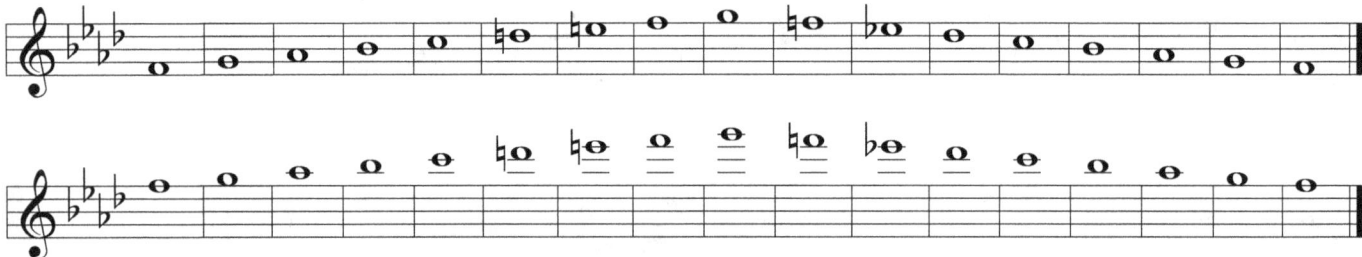

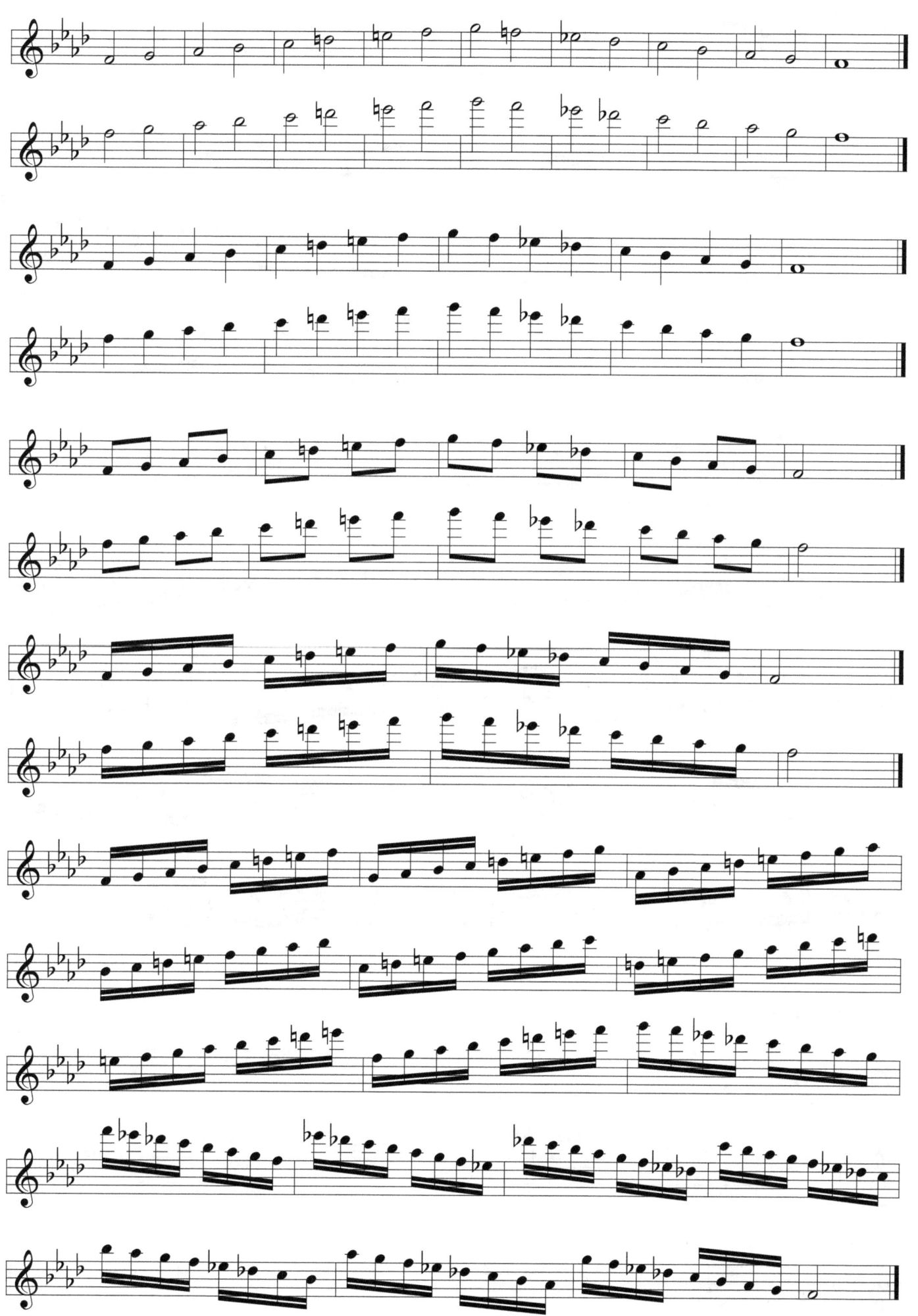

Fa minore di J.S. Bach

53

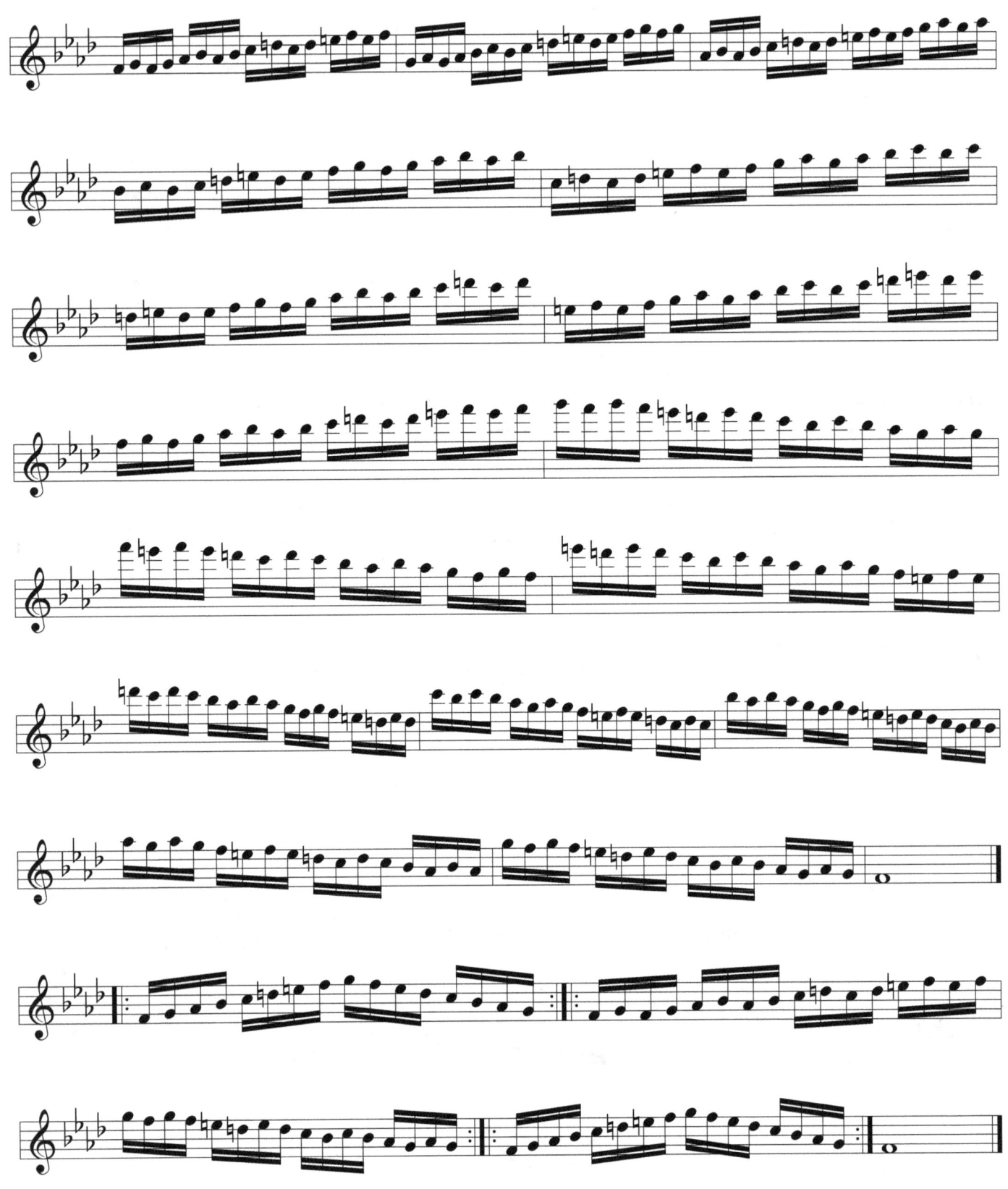

Mi maggiore

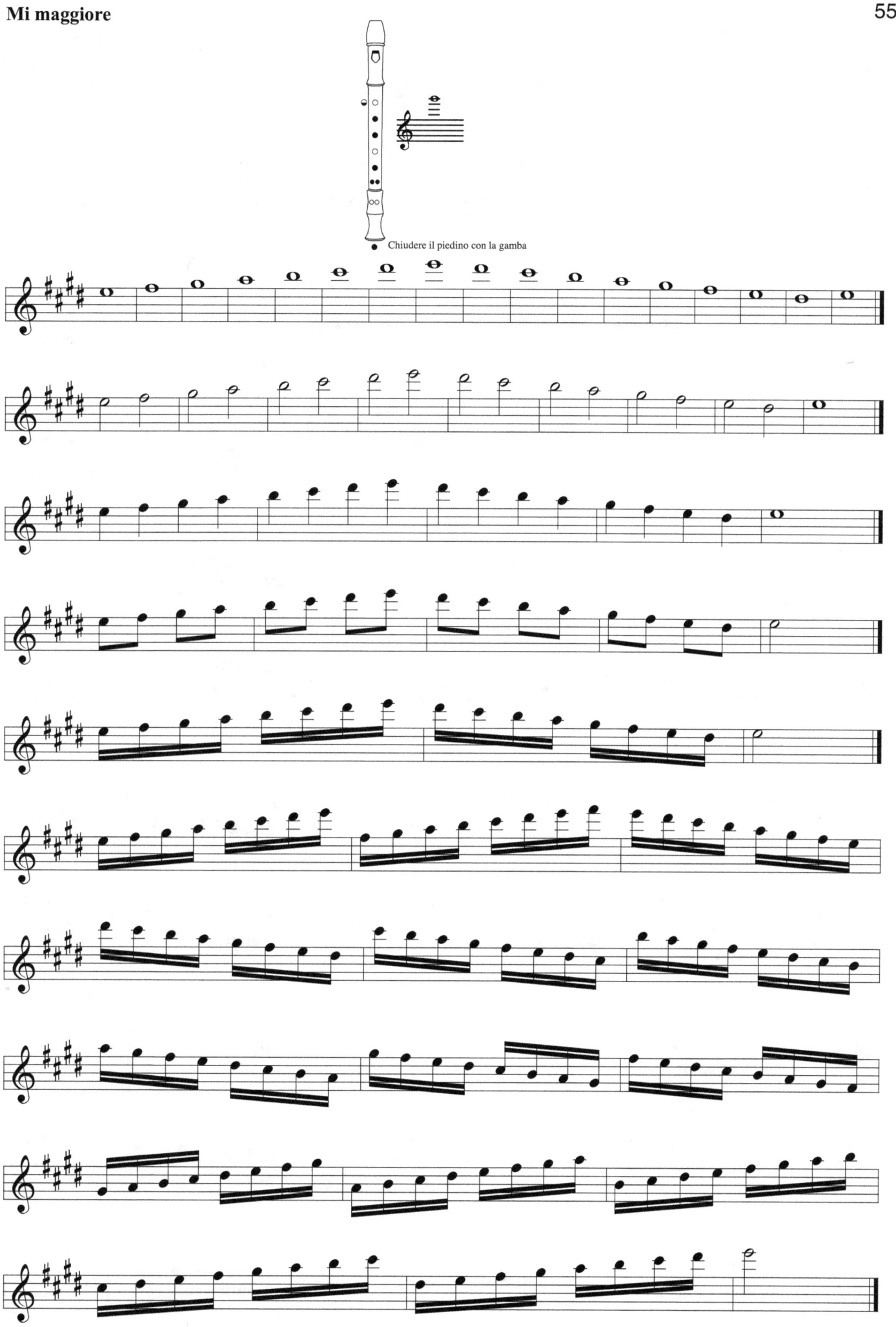

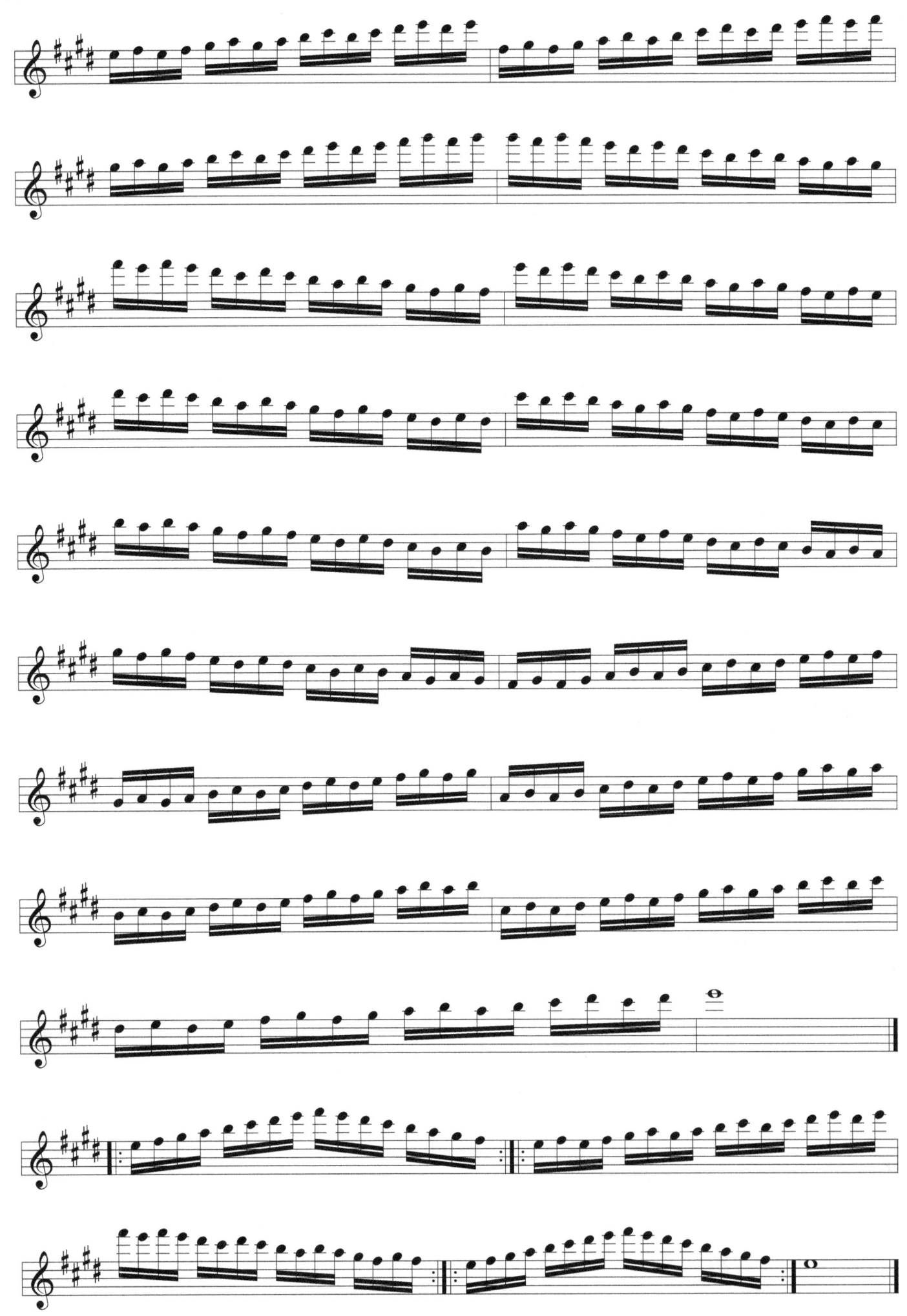

Do♯ minore armonica

Do♯ minore melodica

Finito di stampare nel mese di Febbraio 2014
per conto di Youcanprint Self - Publishing

www.ingramcontent.com/pod-product-compliance
Lightning Source LLC
Chambersburg PA
CBHW081349160426
43196CB00014B/2701